읽다,＿

＿잇다,

있다.＿

읽기에서 존재로 이어지는 24편의 리드레터
읽다, 잇다, 있다.

초판 1쇄 발행 2024년 11월 27일

지은이 | 김홍식

펴낸곳 | (주)태학사
등록 | 제406-2020-000008호
주소 | 경기도 파주시 광인사길 217
전화 | 031-955-7580
전송 | 031-955-0910
전자우편 | thspub@daum.net
홈페이지 | www.thaehaksa.com

편집 | 조윤형 여미숙 김태훈
마케팅 | 김일신
경영지원 | 김영지

ⓒ 김홍식, 2024. Printed in Korea.

값 22,000원
ISBN 979-11-6810-316-0 03000

디자인 | 김희량

읽기에서 존재로 이어지는
24편의 리드레터
read letter

읽다,＿
＿잇다,
있다.＿

김홍식,

책을
파다.

태학사

"도대체 왜 이런
독후감을 쓰는 거요?"
묻는 분께

오래 전이지만, 한 신문사에서 서평을 부탁받은 적이 있다.
그래서 쓴 서평이 다음 내용이다.
길지만 인용한다.

> 70명 가까운 학자들이 모여 한 권의 책을 기획, 집필, 완성하여 출간
> 하는 것은 쉽지 않은 일이다. 게다가 그 내용이 자신들의 문화·사상·
> 역사를 다룬 것이 아니라면, 작업의 난이도를 넘어, 꼭 필요한 일인가
> 라는 반문을 당하기 십상이리라.
> 한 걸음 더 나아가 그 작업에 10년 가까운 세월을 투여했다면, 그리고
> 그 작업의 대상이 되는 문화·사상이 자신들과 적대적이면 적대적이
> 지 우호적일 리 없는 나라의 것이라면, 반문을 넘어 비난을 들을지도
> 모를 일이다.
> 그러나 학문이란 그런 것이다. 시간, 공간, 적의, 우호, 효율, 성과, 인

정 같은 단어는 뒤로 넘기고 오직 지성의 세계를 확장시키기 위해 삶을 투여하는 작업, 그리하여 인류가 우리에게 전해준 온갖 자취를 온전히 우리의 것으로 삼아 더 나은 삶, 더 나은 세상, 더 나은 문명을 향해 나아갈 수 있다면 어떤 희생과 비난도 감수할 수 있는 게 학문의 세계요, 학자의 운명이다.

《중국사상문화사전》은 이런 면에서 여러모로 괴팍한 책이다. 중국 민족을 낳은 사상과 문화의 시원을 하나하나 밝혀나가면서 사상·문화적 개념의 생성·변화·확장 과정, 그리고 그 개념들이 인간의 삶과 사고, 행동에 어떤 영향을 미쳤는지, 그리고 그 영향이 중국 민족뿐 아니라 주변 국가들과 민족들에게 어떤 의미로 다가갔는지를 66개의 글자 또는 어휘를 통해 분석한 이 책은, 놀랍게도 일본의 학자 70여 명이 10여 년에 걸쳐 완성한 것이니 말이다.

"그런 일은 중국 학계가 할 일이 아닌가요?"

글쎄, 그럴지도 모른다. 바꾸어 생각하면, 우리 겨레의 사상·문화적 발원으로부터 현대에 이르는 의미의 생성·변화·확장·적용 과정을 다른 나라 학자들이 심혈을 기울여 완성했다면 우리는 어떤 감회를 갖게 될까.

결론부터 말한다면, 이 작업은 누구의 인정을 받고자 한 것도 아니요, 동아시아의 사상·철학·삶에 지대한 영향을 미쳐온 중국이라는 나라에 대한 사대적 행동의 결과도 아니다. 현실적으로 오늘날 우리 문화와 사상의 형성에 뿌리가 되었고 이 순간에도 의미를 갖는 주요한 개념들 하나하나에 대해 수천년에 걸친 형성·변화·작동의 과정을 추적하여 정리한 결과는 작업의 주체인 도쿄대학 출판회의 창립 50주년 기념 성과물로 끝나지 않는다. 어찌 보면 중국의 사상과 문화가 끼친 영향은 일본보다 우리에게 더하면 더했지 덜하지 않은 게 현실일 테니 말이다. '하늘' '도' 같은 추상적 개념으로부터 '국가' '혁명'을 거쳐 '제사' '귀신', 그리고 '음양' '풍수' '의학'에 이르는 현실 속으로 나아가는 과정을 읽다 보면 왜 우리 이웃 국가의 사상과 문화를 우리가 이해해야 하는지, 그리고 그 작업이 얼마나 소중한 일인지 알게 된다. 마치 그리스 로마 신화를 이해하는 게 그리스와 로마에 대한 사대주의의 산물이 아니라, 한 문명권의 형성·발전에 뿌리가 된 실체에 접근해가는 환희의 과정인 것처럼 말이다.

출판 현장에서 일하는 사람으로서 덧붙인다면, 70명이 10년을 투여한 시공간적 노력을 고려한다면 책값 6만원은 싸도 너무 싸다. 그러나 최저임금에 허덕이는 시민, 비정규직이 일반화한 이 나라에서는 책값이 비싸게 느껴지는 게 현실이다. 읽을 수 있는 시민 2천명이 나선다면 책값이 절반으로 떨어질 텐데. 아쉽다.[1]

그 무렵 6만 원짜리 책은 흔치 않았다. 하물며 사진이나 그림 한 장 없는 1도 책이 6만 원이라니! 하지만, 내 눈에는 너무 싸 보였을 뿐 아니라, 참으로 가치 있는 작업으로 여겼다. 그래서 이렇게 썼던 것이다.

그런데 놀라운 일은 그 뒤에 일어났다.

책을 출간한 출판사 대표가 전화를 해 왔다.

"대표님, 정말 감사합니다."

"뭐가요?"

"서평이 나가고 일주일 만에 1년 판매할 양이 출고되었습니다."

오래 전이라 판매량을 정확히 기억은 못 하지만, 요지는 회사가 놀랄 만큼 판매되었다는 말이었다.

그때 알았다. 서평도 재미있게 쓰면 독서 인구를 늘리는 데 도움이 되는구나.

그 후, 책을 읽을 때마다 내 머리를 탁~ 때리는 책들을 읽으면 꼭 독후감을 써 놓았다. 물론 초중고등학교를 넘어 대학교까지 내 등 뒤를 따라다니는 독후감이라는 망령과는 전혀 다른 형식으로.

책의 의의를 알아 보고, 내용을 요약한 후, 책을 읽은 감상을 쓰는 3단 논법 따위는 재활용 쓰레기통에 버리고, 그저 내가 느낀 바를 중구난방, 좌충우돌식으로 쓴 것이다.

그렇다면 나는 왜 이런 독후감을 썼던 것일까?

첫째는, 많은 책을 읽다 보니 한 권 한 권에서 느낀 바를 깜빡 잊기

십상이었다. 그래서 좋은 책에 대해서는 오래도록 기억하기 위해 쓴
것이다.
둘째는, 혹시 기회가 되면 다른 사람에게 '이런 재미있는 책이 있어.
꼭 한 번 읽어보게나.' 하고 권하고자 함이다.
마지막으로, 독서에서 별 흥미를 못 느끼는 분들, 그래서 평소에
책도 안 읽는 분들께 '시간이 남아 도세요? 그럼 이런 재미있는 글
한 번 읽어 보세요. 개그에 가까우면서도 어디 가서 잘난 체하기
좋은 내용입니다.' 하고 보내드리고 싶었다.

목적이 목적인 만큼 대상 도서는 베스트셀러가 아닌 경우가 많다.
또, 생각보다 어려운 책들이 많다. 누구나 읽을 만큼 내용이 평이한
책에 대해 다른 사람의 시각이나 감정, 해석까지 알아야 할 필요는
없기 때문이다.
그래서 본의 아니게 '어려운 책 읽는 법, 이해하는 법'을 제시하고
있기도 하다.

그렇다고 이 책을 많은 분이 선택하리라고 기대하지 않는다.
책을 COVID-19보다 더 금기시하는 세태에 독서에 대한 책을
권하는 것도 허황된 일인데, 더구나 베스트셀러나 자기계발서도
아닌 어려운 책이라니!
그런 책 독자가 없다는 사실은 평생 책을 다루어온 내가 누구보다

잘 알고 있다.

그럼에도 '책이 사람을 만든다'는 너무나 당연한 명제를 믿기에
그저 쓰고 내는 것뿐이다.

혹시 이 책이 한두 분의 독서가라도 만난다면 그 이상 기쁜 일이
없을 것이다.

독서 생태계를 압살하려는
정치문화계 속에 빠져 꼬로록거리며

김흥식

어려운─책

환희의 一책

일러두기

- 이 책에 등장하는 모든 책은 내 돈 주고 내가 산 것들이다. 그러니 누구의 부탁을 받고 쓴 것이 아니라는 말이다. 나는 그런 일을 할 만큼 남의 말을 듣는 사람이 아니다. 유아독존에 고집불통이라 내 뜻에 거스르는 일을 이해타산 때문에 할 만큼 한가롭지 않기 때문이다.

- 그래서 여기 등장하는 책의 내용 역시 무단으로 수록한 것이다. 당연히 해당 도서를 출간한 출판사 역시 이런 글이 출판될 것이라는 내용을 알지 못한다. 그래서 혹시 해당 출판사가 문제를 제기하면 법적 고통을 받을 가능성이 높다. 그래도 이 정도 독후감에 이 정도도 인용하는 것을 허용하지 않는 출판사는 없을 것이라고 애써 믿는다.

- 여기서 다루는 책의 가격을 비롯한 상세한 서지 정보는 수록하지 않았다. 시간이 지나면서 변했을지도 모르고, 저작권이 만료되어서 이제는 절판되었을지도 모르기 때문이다.

- 수록한 책은 문학과 비문학이 절반 정도를 차지한다. 장르를 가리지 않고, 책을 이해하는 데 꼭 필요한 사진 자료를 수록하였다. 아마 독후감에 이런 자료가 들어간 경우는 만나지 못하셨을 듯하다.

- 독후감을 읽은 후 해당 도서를 구입해서 읽으신다면, 필자로서는 그보다 더한 환희가 없다. 책 한 권이 한 시대, 한 삶의 가치를 지닌다고 믿기에, 이 보잘것없는 작업이 그런 성과를 거두었다면 놀랍기 때문이다.

기

한

《마음은 외로운 사냥꾼》
카슨 매컬러스 / 서숙 옮김 / 시공사

책은 여느 상품과 다르다. 그래서 모든 상품을 구입하는 사람은 소비자消費者, 즉 사용해서 상품을 사라지게 만드는 사람이라고 부르는 반면 책을 구입하는 사람은 독자讀者, 즉 읽는 사람이라고 한다.

그러나 책도 가끔은 여느 상품과 비슷한 면이 있으니, 큰 기대를 품고 구입했는데 영 신통치 않은 경우가 있는가 하면, 별 기대를 품지 않았는데 의외로 큰 만족을 전해주는 경우가 있다.

《마음은 외로운 사냥꾼》이라는 책은 후자後者다. 사실 우리 나이로 스무 살 무렵부터 집필을 시작해 고작 스물세 살 나이에 미국의 한 여성이 발표한 소설에서 무슨 그리 큰 감동을 기대했겠는가. 게다가 이 시적詩的(?)인 제목은 오래전부터 익히 들어 알고 있었지만, 그 후로 어느 누가 뛰어난 작품으로 인정했다는 이야기도 전해 듣지 못했으니 말이다.

그렇다면 왜 손에 잡게 되었느냐고?

어느 인터넷 서점의 마케팅 활동에 현혹되어 여러 책을 주루룩 구입할 때 끼어들어갔던 모양이다. 그러다가 어느 날 이런저런 책 가운데 우연히 내 손에 잡혔을 뿐이다. 그런데 이런 수확을 할 줄이야!

그러나 가장 흥미진진한 이야기는 소설 속에 등장하는 것이 아니라 작가인 카슨 매컬러스의 연보年譜에 등장한다. 잠시 살펴보겠다.

1932

류머티즘성 열병을 앓음. 훗날 이것이 치명적인 뇌졸중을 초래한 원인 중 하나로 추정됨. 병에서 회복되는 동안 독서와 글쓰기에 탐독.

(음, 이쯤 되면 병에 걸리는 것도 축복이 될 수 있다는 말인가?)

1934

콜럼버스 고등학교를 졸업하고 줄리아드 음악학교에 진학하기 위해 뉴욕으로 가지만 등록금을 잃어버림. 이후 글쓰기에 대한 열망으로 진로를 바꾸어 컬럼비아대학 및 뉴욕대학 문예창작 과정에 등록.

(질병뿐 아니라 소매치기도 인생에 축복을 안겨줄 수 있다니!)

1937

리브스 매컬러스와 결혼해 노스캐롤라이나로 이주. 그러나 알코올
중독과 두 사람의 양성애적 성향, 매컬러스의 재능에 대한 리브스의
질투 등으로 결혼생활은 순탄치 못함.
(이렇게 만나기도 어려운 사람끼리 만났으니 순탄順坦, 즉 순조롭고
평탄하다는 단어가 어찌 어울리겠는가. 게다가 그때 매컬러스의
나이는 고작 스무 살이었다.)

1940

《마음은 외로운 사냥꾼》 출간.
(그 와중에 이런 작품을 썼으니 아무리 봐도 스물 몇 살짜리[?]가
쓴 글이라고는 보이지 않을 수밖에.)

1941

처음으로 뇌졸중을 겪고, 흉막염과 패혈성 질환을 앓음. 리브스와
이혼. 매컬러스와 리브스가 작곡가 데이비드 다이아몬드와 사랑에
빠짐.
(이쯤 되면 막가자는 거지요? 이 기이한 관계가 그의 다른 작품인
《슬픈 카페의 노래》와 《결혼식의 멤버》에 반영되었단다.)

1945

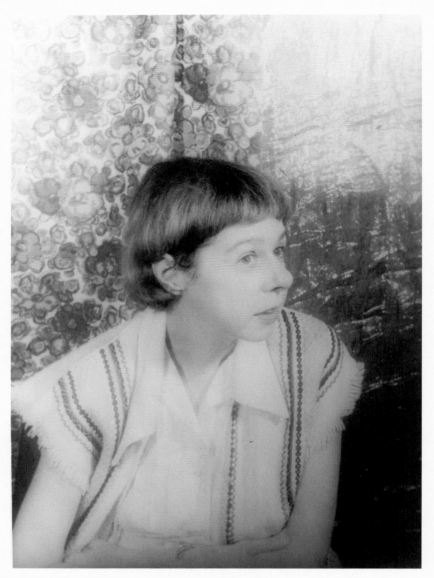

1959년 무렵, 그러니까 유방암을 앓던 시기 카슨 매컬러스 모습이란다. 그런데 위키피디어에
나오는 이 사진이 정말 맞는 걸까? 40대에 암 투병중인 사람 모습이 너무 천사같으니 말이다.
Photographer
Carl Van Vechten(1880 – 1964)

리브스와 화해하고 뉴욕에서 재혼.

(막장 드라마 소재로도 손색이 없지 않은가.)

1950

리브스와 함께 파리 외곽에 집을 구입.

1951

리브스와 다시 불화를 겪음. 리브스가 동반 자살을 종용하자 혼자 미국으로 돌아옴. 11월 리브스는 파리의 한 호텔에서 자살.

(하아! 이쯤 되면 나는 살아낼 자신이 있을까?)

1959

유방암 수술 등으로 대부분 시간을 휠체어를 타고 보냄.

(1917년생이니까 이때 나이 42살이다.)

1966

자서전 집필 시작.

(우리 나이로 50, 미국 나이로 40대에 자서전을 쓰기 시작했다고? 그러나 결과적으로 너무 늦었다.)

1967

마지막 뇌졸중으로 46일 동안 혼수상태에 빠졌다가 9월 29일 뉴욕 나약 병원에서 사망.
(당연히 자서전은 미완성으로 남았고, 그 작품은 1999년에 출간되었다.)

이쯤 되면 그녀 자신의 삶이 오히려 뛰어난 장편소설이 될 것이라는 상상도 과히 어긋난 것은 아닐 것이다. 그리고 조금 소설을 읽은 독자들이라면 고작 스물세 살, 지독한 고통과 불운한 삶의 주인공이 작가라면, 그녀가 쓴 소설에서 그녀 자신의 자전적 이야기를 기대하는 것이 특별한 일도 아닐 것이다.
그러나 그 정도였다면 '놀라운 작품이다. 23세라는 작가의 나이가 결코 작품의 깊이를 가리지 못한다. 이 작품에는 그 모든 것을 넘어서는 어떤 것, 위대한 시인들만이 타고나는 고통에 대한 소명 같은 것이 있다.'라는 〈뉴욕타임스〉의 서평도 존재하지 않았을 것이다.
소설은 대하드라마를 연상시키는 동시에 가장 섬세한 시를 읽는 느낌이다. 그러니 어찌 재미가 없겠는가.
덧붙인다면 도대체 스물세 살 남짓 산 여성이 어찌 이토록 광범위한 인간의 삶에 대해 천착穿鑿할 수 있는지 궁금하기도 하다. 아무리 천재라도 경험하지 않은 삶을 그리기는 어려웠을 터인데.

사족을 붙이자면, 이 작품은 당연히 영화화되었는데,
우리나라에서는 텔레비전을 통해서만 공개한 것으로 알려져 있다.
반면에 나훈아, 정윤희 주연으로 같은 제목의 영화가 1983년에
개봉되었다. 제목이 멋지기 때문에 전혀 연관성이 없는 국내 영화에
붙인 것 아닐까 싶다.
한편 이 소설은 오늘날 찾는 사람이 드문 것과는 달리 처음
우리나라에서 출간되었을 때는 오랜 기간 베스트셀러 목록에
당당히 이름을 올렸다.

《돌 세 개와 꽃삽》

에릭 H. 클라인 / 정소영 옮김 / 인테쿨타

내 입장에서 보면, 세상에는 '진지한 개소리'가 무척 많은데,
그 가운데 하나가 '직업에는 귀천이 없다.'라는 말이다. 한자어가
사라지는 추세라 귀천貴賤이라는 말도 얼마 가지 않아 사라질
가능성이 높으니 설명하자면, '귀하고 천함, 고귀하고 천함'이다.
그러니 세상 모든 직업은 높고 천한 것 없이 모두가 똑같다는
말이다. 말이 된다고 여기는가?

판사와 검사, 교도관과 미장이, 즉 벽돌을 다루는 건설노동자가
똑같은 높이, 똑같은 무게를 가지고 있다고? 왜 이들을
비교하느냐고 묻는 분이 계실 것이다. 이 모두가 모여서 교도소를
만들고 운영하니까 말이다. 검사와 판사는 누군가를 교도소로
보내고, 교도관은 그곳에 온 이들을 감시, 교화하며, 미장이는 바로
그 교도소를 지었을 것이다. 이렇게 보면 미장이가 가장 선조인

셈이다.

그러나 대한민국에서 애 낳고 살아가는 부모 가운데 자기 자식이
미장이와 판검사, 교도관 가운데 무엇이 되기를 바라느냐고
산신령이 나타나 물을 때, "제 아이는 공부에는 소질이 없으니
미장이를 시켜주십시오." 하고 말할 사람은 단연코 없다. 결국
직업에는 귀천이 있다는 말이다. 하다못해 대통령 선거나 국회의원
선거를 보아도 알 수 있다. 인간으로서 기본도 못 갖춘 자들,
돈이라면 사족을 못 써 남 등쳐서라도 돈 많이 벌고자 하는 자들이
자기 돈 써가면서 국회의원, 대통령 되려고 애쓴다. 그건 분명
대통령이나 국회의원이라는 직업이 귀하게 평가받기 때문이다.
입만 열면 "국가와 국민을 위해서"라고 외치는 그들이지만,
"국민을 위해서 수도권 쓰레기 매립지에 가서 일할 사람을
뽑습니다." 하고 아무리 외쳐도 그곳에는 가지 않는다. 그러니까
'세상 모든 직업에는 귀천이 있다.'

그렇다면 나는 어떤 직업을 갖고 싶을까? 이미 늙었기에 특별한
직업을 더 가질 수는 없다. 그러나 평생 해온 출판업을 나는 무척
좋아한다. 대학교 입학 후 제대로 맛보기 시작한 도서관 덕분에
평생 출판을 하겠다고 다짐했고, 우리나라 최초의 개가식 도서관이
있는 학교에 진학한 덕에 평생 즐거운 삶을 살고 있다. 그러면서도
굶지 않고 살아가니 "하늘에 감사한다."고 틈만 나면 내가 말하는

것도 무리가 아니다. 사실 많은 사람이 한탄하지 않는가 말이다. "나도 내가 하고 싶은 일 하면서 살고 싶지만, 현실이 그걸 용납하지 않는다."고.

그런 면에서 나는 참으로 세상에, 하늘에, 운명에 감사한다. 그렇지만 다른 한편으로는 출판이라는 일이 갈수록 사양산업이 되고, 또 다른 사업에 비해 돈을 많이 못 버는 걸 보면, '그때 왜 학교 구내식당 메뉴를 개선해야겠다.'고 다짐하지 않았을까, 싶다. 그랬으면 외식 프랜차이즈 대표가 되어 지금쯤 떵떵거리면서 살아갈 텐데. 그뿐인가? 세상 사람들 앞에서 "으흠, 제가 홍식이 열 마리 치킨 사장입니다." 하고 외치는 것도 부족해 야구장, 축구장에 광고도 하고 텔레비전에도 닭 마구 튀기는 광고를 해 댈 텐데. 여하튼 내가 닭튀김 회사 대표들보다 더 책도 많이 보고 글도 많이 쓰는데, 아무도 알아주지 않는 걸 보면 '독서는 마음의 양식'일 뿐 삶의 재산은 아닌 듯하다. 그러니 역시 젊은이들은 도서관보다는 구내식당에서 살아야 한다고 조언하고 싶다. 뭐 내 조언이 아니더라도 서점은 텅텅 빈 반면, 맛집에는 그 아까운 시간 버려가면서 줄 서는 걸 보면 바른 길 가는 듯해서 뿌듯하기는 하지만.

에릭 H. 클라인은 부모님, 아니 어머니 때문에 인생이 꼬인 경우다. 스스로는 어머니에게 매우 감사하지만 내가 보기에는 꼬였다.

발굴중인 클라인 모습.

어머니 덕(탓?)에 고고학자가 되고 만 행운의(불운의) 사나이.

클라인이 일곱 살 때 어머니가《바람 부는 트로이의 성벽》이라는
책을 선물하지 않으셨다면 그는 변호사가 되어 뉴욕 초고층 빌딩
소재 로펌에서 일하거나 그 옆 병원에서 의사로 일했을 텐데,
안타깝게도 그 책 때문에 사진에서 보는 것처럼 반바지 차림에
꽃삽을 들고 온갖 땅속을 휘젓고 있다.

　내가 일곱 살 때 어머니가《바람 부는 트로이의 성벽》을 주셨다. 아동
용으로 쓰인 하인리히 슐리만과 그의 트로이 유적 탐험에 관한 책이

었다. 난 그 책을 읽고 고고학자가 되겠다고 선언했다. 중고등학교 시절에 존 로이드 스티븐스의 《유카탄 여행에서 생긴 일》과 C.W. 세람의 《낭만적인 고고학 산책》을 읽은 뒤 그 바람은 더욱 강해졌다. 밀림 속에 묻힌 도시를 찾고 고대문명을 발굴하는 이야기가 마음을 완전히 사로잡았던 것이다. 대학에 들어가 전공을 정할 시기가 되자마자 고고학을 선택했고, 졸업 때 어머니는 다시 14년 전 나를 이 길에 들어서게 한 슐리만에 대한 책을 선물해주셨다.[2]

책의 첫 대목이다.

조지워싱턴 대학교의 내 연구실에는 어머니가 주신 슐리만에 대한 저서 두 권과 함께 벽에 붙여놓은 자동차용 스티커 두 개가 있다. 하나엔 간단하게 "고고학: 난 땅을 파고 싶다"라고 적혀 있고, 다른 하나엔 "고고학: 세상에서 가장 멋진 직업. 난 과거를 되살리는데, 당신은 무슨 일을 하나요?"라고 적혀 있다.[3]

책의 마지막 대목이다.
클라인의 삶에 어머니께서 주신 책이 얼마나 결정적인 역할을 했는지 보여 준다. 그때 어머니께서 《10년 후 대박날 부동산》이나, 《의대를 향한 마지막 비상구》같은 책을 선물했다면 클라인의 삶이 지금보다는 훨씬 풍요로웠을 텐데…… 어이쿠, 이렇게 옆길로 새면

그림 11, 12 후사토닉호를 공격한 헌리호, 그리고 헌리호의 공격을 받아 침몰한 후사토닉호 모습.
https://en.wikipedia.org/wiki/H_L_Hunley_(submarine)#/media/File:Conrad_Wise_Chapman_-_Submarine_Torpedo_Boat_H.L._Hunley_Dec._6_1863.jpg
https://en.wikipedia.org/wiki/H_L_Hunley_(submarine)#/media/File:USSHousatonic.jpg

안 되는데.

이 책은 클라인이 자신의 전공인 고고학이 탄생한 후 오늘날까지
이루어온 성과를 대목별로 설명한, 말 그대로 시민을 위한 고고학
서적이다. 그런데 무척 재미있다. 당연히 재미만 있는 게 아니다.
고고학이라는 학문이 그렇듯이 인류의 역사로부터 삶, 나아가
과거의 삶이 오늘날 우리에게 알려주는 내용까지 두루 담겨 있다.
그 가운데는 우리가 잘 알고 있는 고고학적 사건, 이를테면 폼페이
최후의 날이나 이집트 투탕카멘 무덤 발굴, 트로이 발굴 같은
경우도 있다. 그러나 아는 사람이 극히 드문 사건도 많은데, 헌리호
침몰 사건이 대표적인 것이 아닐까 싶다.

　130년 전 남북전쟁 당시인 1864년 2월, 헌리호는 전투에서 적선敵船
　을 침몰시킨 최초의 잠수함이었다. 표적은 USS후사토닉호였다. 헌리
　호는 어뢰를 발사한 것이 아니라 끝에 어뢰가 장착된 5미터 정도의
　금속 꼬챙이를 앞쪽에 달고 후사토닉호의 옆구리를 들이받았다.
　계획대로 어뢰는 배의 옆구리에 박혔다. 오랫동안 믿어오기로는, 그
　다음 50미터 정도 뒤로 물러나 어뢰 폭파장치에 연결된 밧줄을 이용
　해서 어뢰를 터뜨렸다는 것이었다. 그런데 최근 증거에 따르면 헌리
　호는 후사토닉호에서 물러나는 데 어려움을 겪어서 어뢰가 터질 때
　겨우 6미터 정도밖에 떨어져 있지 않았고, 그래서 헌리호도 함께 침

몰했을 수 있다.

……

어쨌든 어뢰가 폭발하면서 후사토닉호는 찰스턴항의 썸터 요새 근처
썰리번섬 근해에서 곧장 침몰했지만, 헌리호 역시 여덟 명의 선원을
그대로 태운 채 10미터 바닷물 아래로 가라앉았다.[4]

미국 남북전쟁 당시 잠수함이 활약했다는 사실을 나는 처음 알았다.
그런데 더욱 놀라운 사실은 1995년 처음 시작한 헌리호 발굴이
지금도 계속되고 있다는 것이다. 그 과정에서 헌리호에 타고 있다가
자기 자리를 떠날 겨를도 없이 모두 사망한 선원들 가운데 몇 명의
신원을 파악했단다. 거기에는 DNA 검사도 이용되었고, 유해에서
발견한 부장품도 한몫했다. 우리가 아는 고고학의 범위가 확장되는
순간이다.
그러나 고고학의 범위가 확장되는 것이 늘 바람직한 것은 아니다.

이탈리아 파시즘을 이끈 무솔리니(Benito Mussolini, 1883-1945)는
이탈리아 민족주의를 내세우면서 로마를 비롯한 이탈리아 전역의
고대 유적 발굴에 적극적으로 나섰다. 그리고 그렇게 발굴한 고대
유적을 복원하면서 이를 자신의 신념인 파시즘과 연계시켰다.
히틀러가 게르만주의를 내세운 것과 일맥상통하는 것이었다.

제2차 세계대전 이전과 전쟁 기간의 독일과 이탈리아처럼, 과거가 단지 우리 자부심을 고취하기 위해서가 아니라 현대의 한 집단이 다른 집단에 대한 우월성을 정당화하기 위한 수단으로 동원되는 경우에서 알 수 있듯 민족주의와 고고학의 연결은 부정적인 측면도 지닌다. 현대의 한 집단이 고고 유적을 이용하여 영토 소유권을 주장하려 할 때도 또한 오남용될 수 있다. 실제로 그렇든, 그냥 주장에 그치든 고대와의 연결을 근거로 이스라엘과 팔레스타인이 같은 땅에서 각자 소유권을 주장하는 것이 그 한 예다.[5]

광개토대왕비, 가야 유적 등을 둘러싸고 우리나라, 중국, 일본 사이에 벌어지는 갈등 역시 고고학과 무관하지 않으니, 이런 사실은 동서고금을 관통하는 내용임이 분명하다.

마지막으로 한 가지 중요한 사실을 알려드리고 글을 맺겠다.
오늘날 종이신문 구독하는 분은 천연기념물에 속한다는 사실을 잘 안다. 그러나 그래서는 안 된다. 정치로부터 경제, 사회, 문화에서 취미, 광고에 이르기까지 한 신문이 전달하고자 하는 모든 내용을 훑는 것은 매우 중요하다. 신문은 하루의 역사를 기록하는 것이니, 단순히 인터넷에서 뽑아 전해 주는 주요 기사만으로는 사회 전반을 이해할 수 없기 때문이다.
그 가운데서도 광고는 더더욱 그렇다. 오늘날 광고 없는 세상을

"네 개의 '사해문서' - 적어도 기원전 200년이나 그 이전 것으로 보이는 성서 필사본 판매합니다. 개인이든 단체든 교육기관이나 종교단체에 선물하기에 아주 적합한 물건입니다. 사서함 F206 〈월스트리트저널〉"

이해할 수 없는데, 종이신문을 읽지 않으면 신문광고가 전하는 특별한 세상 역시 이해할 수 없을 테니 말이다. 그런 면에서 1954년 6월 1일자 〈월스트리트저널〉 광고는 기억할 만한 가치가 있다. 시대를 이해한다는 대단한 의미를 넘어서 평생에 잊을 수 없는 경제적 가치까지 전해 줄 수 있으니 말이다.

맞다. 오늘날 '사해문서'로 알려진 바로 그 소중한 유물을 판다는
광고다. 우와, 그 놀라운 유물을 팔겠다고 당당히 신문광고를
내다니! 그 사해문서는 눈 밝은 독자에게 뜨여 25만 불에 팔렸단다.
누가 샀느냐고? 이스라엘 정부를 대리하는 중개인이 샀단다.
그래서 지금은 이스라엘 박물관에 보관되어 있다. 그때 우리가
샀으면 지금쯤 이스라엘이 우리나라에 와서 굽신거리고 있을 텐데,
아깝다. 그래서 작은 신문광고도 꼼꼼히 보아야 한다고.

《장 크리스토프 1, 2》

로맹 롤랑 / 손석린 옮김 / 동서문화사

나는 본래 뒤보다는 앞에 관심이 많다. 그건 정말 좋지 않은
버릇인데, 반성보다 호기심의 속성이 더 크기 때문일 것이다.
그렇게 반성 없는 삶을 살고 있으니, 새로운 것을 맞이했을 때
과거에 겪었던 후회를 반복할 가능성이 크다. 그러니 뒤에도 관심을
두는 훈련을 해야 할 텐데, 타고난 성정性情이 그래서 그런지
오늘도 뒤보다는 앞에 관심을 갖고 산다.
뒤보다는 앞에 관심이 큰 사람의 특징은 일기나 독후감 같은 것을
쓰지 않는다는 것이다. 지나간 것보다 앞에 있는 것들에 먼저
마음과 눈이 가기 때문이다. 그 시간에 창작을 하거나 새 책을
읽지, 왜 지나간 과거를 기록하고, 다 읽은 책에 대해 이러쿵저러쿵
이야기를 늘어놓는단 말인가.

그런데《장 크리스토프》라는 지루할 수도 있는 기나긴(내가 읽은 책은

두 권짜리 번역본인데, 읽어도 읽어도 쪽이 넘어가지 않는 거다. '내가 늙어서 책 읽는 속도가 느려졌나?' 싶었는데, 다 읽은 다음에 후기 비슷한 것을 보니까 작가 로맹 롤랑이 '10권을 다 썼다'라고 이야기하는 대목이 있었다. 그러면 그렇지.) 책을 읽고 나서는 독후감을 써야겠다고 생각했다. 도저히 쓰지 않고 그냥 넘어가면 나중에 후회할 듯싶었다.

그래서 지금부터 《장 크리스토프》를 읽은 소회所懷를 쓰기로 한다. 독후감이라는 글의 형식이 갖추어야 할 요소 따위는 잘 모르니, 독후감이라기보다는 소회라고 하는 것이다.

《장 크리스토프》는 로맹 롤랑(Romain Rolland, 1866-1944)이라는 프랑스 작가 작품인데, 그는 문제적 인물이기도 하다. 프랑스를 대표하는 스탈린 옹호자이기도 한 반면 간디나 톨스토이, 헤르만 헤세 등과 깊은 관계를 가진 평화주의자이기도 하고, 시대를 앞선 채식주의자이기도 했다. 하기야 그는 제2차 세계대전이 절정에 달할 무렵 세상을 떠났으니, 스탈린(1879-1953)이 어떤 인간인지 몰랐을 가능성이 크다. 그러니 우리는 그저 그가 사회주의자라는 것만 기억해도 될 듯싶다.

게다가 로맹 롤랑은 소설가인지, 극작가인지, 아니면 사회운동가인지 정체도 모호하다. 그러나 그가 1915년에 노벨문학상을 받았으니 작가인 것은 분명하다. 그리고 그 상을 받게 된 가장 큰 계기는 역시 《장 크리스토프》다. 그러니 아무리 《장

로맹 롤랑 탄생 100주년을 맞아 1966년 발행한 소련 우표.

그의 조국인 프랑스에서도 우표를 발행했는지 모르겠는데, 여하튼 소련에서는 그를
대단한 인물로 인정한 것만은 분명해 보인다.

크리스토프》와 로맹 롤랑에 대해 의문을 품는다고 해도 한 번쯤
읽어볼 가치는 있지 않을까.

로맹 롤랑은 여러 권의 평전을 썼는데, 가장 많은 작품이 음악가에
대한 것이다. 《장 크리스토프》를 제외하고 나면 그의 작품 중 가장
유명한 것이 《베토벤의 생애》라는 책인데, 이는 음악가를 다룬 글
가운데 최고봉으로 꼽힌다. 그 외에도 헨델 평전도 남겼고, 여러
음악가를 다룬 책도 출간했다. 또 톨스토이, 간디, 미켈란젤로 등에

대한 전기도 남겼으니 그는 기본적으로 다른 위인에 관심이 깊었던 듯하다.

《장 크리스토프》는 장 크리스토프라는 음악가의 일생을 그린 대하소설인데, 백과사전에 따르면, 대하소설大河小說의 시초라고 한다. 국어사전을 찾아보면, 대하소설을 '사람들의 생애나 가족의 역사 따위를 사회적 배경 속에서 시대의 흐름에 따라 포괄적으로 다루는 소설 유형. 구성의 규모가 크며, 사건이 중첩되고 다수의 줄거리가 동등한 중요성을 띠고 전개된다. 롤랑의《장 크리스토프》, 톨스토이의《전쟁과 평화》따위가 있다.'고 설명하고 있는데, 정작 왜 그런 소설을 대하소설이라고 부르는지는 없다. 대하大河는 '큰 강'이다. 그러니까 대하소설은 '큰 강줄기가 흘러가듯 한 흐름이 길게 이어지는 소설'이라는 뜻인데, 왜 대해大海, 즉 '큰 바다'라고 하지 않았을까?
로맹 롤랑이 말했단다.
"When you see a man, do you ask yourself whether he is a novel or a poem? Jean-Christophe has always seemed to me to flow like a river; I have said as much from the first pages."

내 영어 실력이 중학교 수준을 유지하고 있다면 내용은 이렇다.

로맹 롤랑이 48세 때, 그의 아파트 발코니에서 찍은 사진이다.
글 잘 쓰는 이들은 겉모습에서도 아우라를 내뿜는 건 분명하다.

"당신이 어떤 사람을 바라보면서 스스로 그가 소설인지 시인지
물어보십니까?《장 크리스토프》는 언제나 내게는 강물처럼
흘러갑니다. 그래서 첫 쪽부터 많은 이야기를 할 수밖에
없었습니다."

아하! 로맹 롤랑이 《장 크리스토프》를 가리켜 강물과 같은
글이라고 했구나. 그래서 그때부터 이러한 전개 구조를 가진 소설을
'큰 강과 같은 소설', 즉 대하소설이라고 했구나.
이렇게 해서 짧은 인생에서 하나 더 알았다.

《장 크리스토프》는 19세기 후반에서 20세기 초반에 이르는 격랑의
세월을 살아낸(단순히 산 것이 아니라 '살아냈다'고 할 수밖에 없음을
책을 읽고 나면 인정할 것이다. 그만큼 주인공 장 크리스토프의 삶은 고난의
연속이다) 음악가 장 크리스토프의 삶을 통해 개인의 삶, 사회라는
곳, 역사라는 흐름, 음악이라는 예술, 나아가 인간이라는 존재가
어떻게 태어나 죽는지를 보여 주는 기나긴 소설이다.
재미로 말하면 어떤 대목은 '무지 재미없고' 또 어떤 대목은 무릎을
탁 치게 만든다. 그러나 전반적으로는 책을 상당히 좋아하지 않으면
읽어내기가 쉽지 않다. 그만큼 단순히 한 사람의 삶을 그리는
것이 아니라, 그 무렵 유럽의 역사와 사회, 인간 사이의 갈등, 국가
간의 차이, 예술관 등 우리가 살아가면서 부딪히는 온갖 분야를
넘나든다.

처음 책을 읽기 전에 주인공 장 크리스토프가 베토벤의 삶을
투영해서 일종의 베토벤 전기처럼 썼다는 이야기를 들었다. 그러니
당연히 베토벤의 삶과 예술을 묘사했을 것이라고 여겼는데,

내용으로 들어가면 베토벤 '까는' 이야기도 자주 나온다. 베토벤을
자신의 신으로 모셨던 브람스도 깨지고 바그너도 깨지며, 그 무렵
활동한 많은 음악가가 다 나가떨어진다. 그래서 '이게 베토벤
이야기라고?' 하는 의문을 품게 되는데, 책을 끝까지 읽고 나면
19세기 말에서 20세기 초로 무대를 옮겼을 뿐 베토벤(1770-
1827)이라고 하는 인물이 18세기 후반에서 19세기 초반에 겪어야
했던 고뇌를 한 세기 뒤로 옮겨 놓은 것임을 알게 된다.
다만 장 크리스토프가 태어나서 음악가의 길로 접어드는 소년,
청년 무렵의 삶은 실제 베토벤의 삶과 유사하다. 그 후로는 전혀
다르지만. 아, 결혼 안 한(못했는지도 모른다) 것은 똑같다.

이 글은 독후감이 아니니 책의 내용을 요약하는 따위의 원시적인
일은 하지 않겠다. 다만 책을 다 읽고 난 후에는 '참 잘 읽었다.'
하는 마음을 갖게 되었다. 게다가 '이 책, 정말 노벨문학상 받을
만하다.'라거나 '젊은 시절에 읽을걸.' 하는 생각도 떠올랐다.
그렇다고 누구나 읽어야 한다고 주장하기는 어렵다. 그만큼 지루한
대목이 많기 때문이다. 책이라도 얇으면 결코 잊을 수 없는 결론
부분을 위해서라도 읽으라고 권하겠지만, 그 길에 다다르는 길이
너무 길다. 백두산 천지에 오르기 위해서는 함경북도 무산군에서
출발하는 게 일반적이다. 시간도 많고 걷는 것도 좋아하는
사람이라면 함경북도 도청소재지인 청진에서 출발할 수도 있겠다.

그러나 서울에서부터 걸어갈 필요는 없지 않을까. 그러니 빛나는
《장 크리스토프》의 결론 부분을 내 것으로 만들기 위해 책을
잡으시라고 권하기가 어렵다는 말이다.

그렇지만 당신이 축지법縮地法을 쓰는 분이라면 당연히 서울에서
출발해야 한다. 아무리 천지가 좋아도 헬리콥터를 타고 천지에 떠억
내려놓는다고 생각해 보라. 천지를 품었을 때의 감흥이 얼마나
오겠는가. 그러니 20억 톤의 물이 담긴 천지를 품기 위해서는 역시
먼 곳에서부터 걸어 올라가야 한다.

할 일 없이 어느 날 우연히 한 달의 휴가를 얻으신 분이라면,《장
크리스토프》를 펼칠 만하다.

그럼 내가 살아온 자취를 끊임없이 돌아보면서 후회와 반성을 하고,
왜 그리도 많은 사람과 사랑하다가 헤어지고 다투며 살아왔는지,
그리고 지금 내가 살아가는 모습이 과연 옳은 것인지 그른
것인지도 한 번쯤 반추하게 된다. 무엇보다 값진 경험은 우리의
삶이 이토록 신산辛酸한 것임에도 최선을 다해 살아야 할 이유를
찾게 된다는 것이다.

"그들이 건방진 것은 자신을 나타내려고 하는 젊음이 넘치는 끓어오
르는 피가 있다는 증거일세. 나도 전엔 그랬었네. 그것은 부활하는 대
지에 퍼붓는 3월의 소나기일세. 우리에게 충고해도 좋지! 결국 그들
이 옳은 거야. 노인은 청년의 학교에서 배우는 게 좋아. 그들은 우리

를 이용했어. 그들은 은혜를 모르는 걸세. 하지만 그게 바로 일의 차
례라는 걸세. 그들은 우리의 노력으로 풍부해지고 우리보다도 멀리
가 우리가 해 보지 않은 걸 실현하는 거지. 만일 우리에게 얼마쯤 젊
음이 남아 있다면 우리도 또 공부해서 자신을 새롭게 변화시키면 되
잖겠나. 만일 우리가 그걸 못하겠다면, 만일 우리가 너무나 나이를 많
이 먹은 거라면, 그들 속에서 자기 자신을 보고 즐기면 되잖겠나. 말
라 버린 듯이 보이는 인간의 혼이 부단히 꽃을 피우는 것을 보는 것은
참으로 즐거운 일일세. 청년들의 힘찬 낙관주의, 모험적인 행동을 느
끼는 그들의 기쁨, 세계를 정복하기 위해 소생해 나오는 저런 자들을
보는 것은 참으로 신나는 일이지."

이런 장 크리스토프의 이야기를 일찌감치 들었다면 돌아가신
아버님과 그토록 오래 갈등을 겪지는 않았을 텐데, 하는 반성도
했다. 아, 요즘 젊은 사람과 나이 든 사람의 갈등도 이해할 수 있을
것이고. 그러나 이 정도 글을 접하기 위해 우리가 이 두꺼운 책을
읽는 것은 아니리라.

크리스토프는 자기 생애 전체를 일련의 단계로서 내다보았다……
자신을 확실히 파악하기 위한 청춘 시절의 무한한 노력, 단지 살기 위
한 권리를 타인과 싸워 획득하기 위한, 또 자기 민족의 악마로부터 자
신과 싸워 획득하기 위한 격렬한 투쟁, 승리 뒤에도 전리품을 승리 그

것으로부터 방비하기 위해 이를 끊임없이 감시해야 하는 의무, 고독한 마음에 인류 대가족으로 이르는 길을, 싸움에 의해 타개하는 우정의 즐거움과 괴로움, 예술의 충족, 인생의 정점, 정복한 자기 정신 위에 자랑스럽게 군림한다. 나는 내 운명의 지배자라는 것을 믿는다. 그리고 돌연 길모퉁이에서 묵시록의 기사들, 즉 상喪을, 정열을, 주의 도래의 전조인 치욕을 만난다. 말발굽에 걷어채고 짓밟혀 온몸이 피투성이가 되면서도 먹구름 속에 정결한 불이 거세게 타오르고 있는 산꼭대기까지 더듬어 올라간다. 신과 얼굴을 맞댄다. 야곱이 천사와 싸운 것처럼 신과 싸운다. 기진맥진해서 그 싸움으로부터 물러난다. 자기 패배를 찬양하고 자기 힘의 한계를 깨닫고, 주에게서 지시받은 영역 안에서 주의 의지를 다하려고 노력한다. 이리하여 밭갈이와 씨뿌리기와 수확이 끝나고, 고되지만 아름다운 노동이 끝났을 때 햇빛이 골고루 비친 산기슭에 몸을 쉬면서 그 산들을 보고 이렇게 말할 권리를 드디어 얻은 것이다.

"그대들에게 축복 있으라! 나는 그대들의 빛을 맛볼 수는 없을 것이다. 하지만 그대들의 그늘은 내게는 아득하다……."

"자기 일생의 종말에, 자신은 어떤 때도 결코 고독하지 않았다. 가장 고독했던 때조차도 실상은 고독하지 않았다고 스스로 말할 수 있는 것은 얼마나 즐거운 일인가! 내가 인생의 길에서 만난 혼들이여, 한때 내게 손을 빌려준 형제들이여, 나의 사상에서 알을 깨고 나온 신비한

정신들이여, 그중에는 죽어버린 자도 아직 살아 있는 자도 있을 테지만—아니, 모두 살아 있다- 오, 내가 사랑한 모든 것이여, 내가 창조한 모든 것이여! 너희들은 따뜻한 포옹으로 나를 감싸준다. 나를 보살펴준다. 내게는 너희들 목소리의 음악이 들린다. 내게 너희들을 돌려준 운명에 축복 있으라! 나는 풍성하다, 풍성하다……. 내 마음은 한껏 가득 차 있다!……."

이렇게 써 놓고 보니 책의 마지막 부분에 와서 느꼈던 벅찬 감흥을 느끼기 힘들다. 아마도 갑자기 헬리콥터를 타고 천지에 내렸기 때문일 것이다. 그러나 2천 쪽의 고단한 길을 걸어 이 대목에 이르면 생각이 다를 것이다. 아, 고되지만 아름다운 삶이여, 나를 괴롭힌 그 모든 여정이 곧 나의 삶의 환희였음을 깨닫게 된다. 그리고 이 글을 쓴 작자는 마지막 인사에서 이런 글을 남긴다.

바야흐로 흘러가려 하는 한 세대의 비극을 나는 썼다. 그 세대의 온갖 악덕과 미덕, 괴롭고 답답한 슬픔, 혼돈된 자부심, 초인적인 한 임무의 너무나 무거운 짐에 짓눌리면서 이루어진 씩씩한 갖가지 노력, 그러한 모든 것을 나는 조금도 숨기지 않았다. 그 무거운 임무란, 세계의 한 '총체總體'를, 하나의 도덕을, 하나의 미학을, 하나의 신앙을, 하나의 새로운 인간성을 고쳐 만들어 보자는 일이었다. 우리 본연의 자세는 이러했다.

오늘날의 사람들이여, 젊은이들이여, 이번에는 당신들 차례가 왔다! 우리를 넘어서 가라. 그리고 전진하라. 우리보다 더욱 위대하고 더욱 행복하라. 나는 나 자신의 과거 영혼에 이별을 고한다. 나는 영혼을 한낱 껍데기로서 내 등 뒤에 내버린다. 삶은 여러 죽음과 여러 부활의 한 연속이다. 크리스토프여, 죽자-부활하기 위해서!

-1912년 10월

로맹 롤랑

그리고 이런 말도 덧붙인다.

크리스토프의 얼굴을 보고 있는 날에는
당신은 결코 나쁜 죽음을 맞지 않을 것이다.

이게 무슨 말이지? 그렇다면 좋은 죽음을 맞이하기 위해서는 이 두꺼운 책을 다 읽어야 한단 말인가? 그러나 책의 마지막 장을 덮은 나로서는 그 말에 고개를 끄덕일 수밖에 없다. 오만보다는 오히려 겸손이 담겨 있다고 여기니.

《엔드 오브 타임》
브라이언 그린 / 박병철 옮김 / 와이즈베리

대한민국에서만도 1년에 수만 종의 책이 출판되고 있다. 전
세계적으로 범위를 넓힌다면 수십만에서 수백만 권의 책이 출판될
것이다.

더욱 최근에는 기술 발달로 개인도 뜻만 있으면 누구나 몇 권(이때
몇 권은 종류를 가리키기도 하고, 출판된 책의 권수를 가리키기도 한다) 책의
저자가 될 수 있다.

그러니 우리가 책을 대하는 시각은 금속활자가 발명되어
본격적으로 책의 대량 복제가 출범하던 시대와는 너무나 다르다.
대다수는 책을 귀하게 여기지 않으며, 오히려 책을 읽는 이를
비아냥대는 시대라고 해도 무리가 없다. 그럴 만도 하다.

젊은 노동자들의 힘든 삶을 말할 때 자주 등장하는 업종이
게임산업이다. 수만 명에 이르는 젊은이(늙은 노동자도 있겠지만

게임업체와 늙은 노동자를 연결하는 것은 어딘가 낯설다)를 고용하여 밤을
새우며 게임을 개발하고, 그를 통해 수천억 원의 수익을 거두고,
수조 원, 나아가 십조 원이 넘는 회사 가치를 만드는 산업계는 정말
우리 사회에 큰 기여를 하고 있을 것이다. 고용 창출은 당연하고
언론에 다양한 보도자료까지 제공하니 말이다.

그러나 이 정도는 시작에 불과하다. 시대를 선도하는 컴퓨터업과
스마트폰 산업 성장에 핵심이라는 것은 다른 어떤 기여보다도
중요하다. 신경정신과 의사들의 수입 창출에도 큰 역할을 한다.
많은 젊은이들이 게임중독으로 병원 출입을 시작하니 말이다.
사실 우리 사회에서 신경정신과를 출입한다고 하면 많은 사람들이
색안경을 쓰고 쳐다본다. 이십여 년에 걸쳐 출입중인 나만 해도
많은 사람들로부터 여러 이야기를 들었다. 신경정신과 치료 경력이
있으면 보험 가입이 거절당했던 시대도 있었다. 게임회사는
그런 사회적 편견을 깨는 데도 일조했을 것이 분명하다. 멀쩡한
젊은이들이 중독 치료를 받게 되었으니 말이다. 게다가 게임산업은
정부의 지원까지 받아 가며 성장했다.

남성성 향상에도 큰 기여를 하고 있다는 게 나의 판단이다.
베트남전 참전을 비롯해 과거 군대를 다녀온 기성세대가
하는 대표적인 말이 "남자는 군대를 갔다 와야 해."다. 남자가
되기보다는 죽기 싫었던 나는 "그럼 군대 안 가는 유럽 남자들은 다
중성이거나 여성이에요?" 하고 물었지만, 대답을 해 주는 어른은

없었다.

그런 이들의 눈에는 요즘 젊은 남자들이 나약하게 보이겠지만 그렇게 우습게 볼 일이 아니다. 많은 젊은 남자아이들은 10대를 벗어나기 전에 적어도 수만 명에서 수십만 명을 고대 무기부터 중세 무기, 그리고 첨단무기를 이용해 죽이는 경험을 한다. 물론 화면 속에서지만, 그 화면이라는 것이 과거 화면과는 비교할 수 없을 만큼 생생할 뿐 아니라 헤드폰 속에서 들려오는 입체 음향은 어쩌면 베트남 전장에서 듣던 포탄 소리보다 더 충격적일지도 모른다. 그러니 더 이상 우리 젊은이들의 나약함을 걱정할 필요가 없다.

그 외에도 게임산업이 우리 사회에 안겨주는 장점은 훨씬 많다. 하도 많아서 이 정도로 그치겠다. 다 쓰다가는 책 한 권이 될 테니까.

반면에 책은 정말 쓸모가 없다. 아니 쓸모없는 정도를 넘어서 사회에 만악萬惡을 끼친다.

우선 그 귀한 나무를 없앤다. 그래서 '나무 한 그루를 베어 낼 만한 가치가 있는 책을 만들자.'고 말하는 출판사도 있다.

'사람은 책을 만들고, 책은 사람을 만든다.'라는 궤변을 늘어놓는 서점도 있다. 이 말을 듣고 많은 사람들이 정자와 난자를 결합시키는 대신 책을 읽는다. 그래서 나도 두 딸을 낳은 후 책 좀 읽어봤는데, 더 이상 자식은 안 생겼다. 그 결과 우리나라 출산율은 세계 최저를 기록하고 있다. 하루빨리 이런 궤변을 늘어놓는 서점을 규제해야 한다.

그러나 가장 큰 문제는 책이 지구 자원을 낭비하고, 지구 환경 파괴의 주범이라는 사실이다.

다음 문장을 보라.

> 엔트로피와 정보의 관계는 매우 중요하다. 사고의 주체가 누구이건 생각이란 곧 정보 처리를 의미하기 때문이다. ... 엔트로피 처리 과정에는 반드시 열의 이동이 수반되기 때문에, 사고와 엔트로피, 그리고 열을 하나의 묶음으로 간주해야 한다. ... 간단히 말해서 생각의 수가 적으면 열을 조금만 방출해도 되고, 생각의 수가 많으면 다량의 열을 방출해야 한다.
>
> 사고체가 무언가를 생각하려면 주변에서 에너지를 추출해야 한다. 그런데 열은 에너지의 한 형태이므로, 사고체가 주변에서 추출한 열은 나중에 방출할 열보다 최소한 같거나 많아야 한다. 입력에너지는 출력에너지보다 품질이 좋지만(입력에너지는 사고체가 쉽게 활용할 수 있는 반면, 출력에너지는 그냥 버려진다), 사고체는 자신이 흡수한 에너지보다 많은 에너지를 방출할 수 없다.[6]

에너지를 절감하기 위해, 쉽게 말하면 이렇다.

생각을 많이 하면 몸에서 열, 즉 에너지가 나간다. 그런데 아무것도
안 먹으면 에너지 형성이 안 된다. 그래서 생각을 하려면 많이
먹어야 한다. 이때 먹는 음식은 품질이 좋지만(대부분 식품은 HACCP,
즉 식품안전관리인증을 받은 공장에서 만든다. 그러니 품질이 좋을 수밖에),
그 음식으로 만든 에너지를 활용한 다음 배출하는 에너지와 열의
품질은 형편없다. 그래서 그냥 버린다. 그게 바로 똥과 땀이다.
맞는 말이다. 위 문장을 그대로 읽으려면 머리를 많이 굴려야 한다.
그러면 에너지가 소모되고 먹어도 살이 안 찐다. 그러니 얼마나
손해인가. 절대 책, 그것도 생각을 필요로 하는 책은 읽으면 안
된다. 에너지 낭비가 심하니까. 그 대신 먹고 자고 텔레비전에서
연예인들 나와서 떠드는 소리를 멍, 때리면서 보는 게 낫다.
그러면 먹는 대로 몸에 축적이 되어서 에너지 손실 없이 축적할
수 있다. 그럼 몸이 무거워져서 움직이기가 어렵게 되고, 그럼
에너지 손실할 일은 더욱 사라진다. 그래서 갈수록 에너지 축적이
된다. 아하, 그래서 '사람은 책을...' 하는 서점에 출입하는 사람들
가운데 에너지 축적이 잘된 사람들이 없었구나. 이런 나쁜 서점
같으니라고. 안 그래도 부족한 지구 자원을 낭비하다니!

그렇게 나쁜 책 가운데서도 가장 나쁜 책 한 권을 발견했다.
바로《엔드 오브 타임》이라는 책이다. 이 책을 읽다 보면 정말
어이가 없어서 도중에 책을 덮어버린 후 몇 개 오류를 트집 잡아

반품을 할까, 생각했다(여기에 쓰지는 않겠지만 오탈자가 책 전권에 걸쳐 무려 서너덧 개 있음을 확인했으니까).

그러나 아무리 발버둥을 쳐도 나를 포함해 이 책을 쓴 브라이언 그린은 물론이거니와 책의 번역자, 만든 이, 출판사는 물론 급기야는 이 책에 담긴 모든 내용까지 곧 티끌로 변할 것이라는 사실을 깨달았기에 그만두기로 했다.

책을 쓰고 만들고 번역한 이는 사람이니까 사라지는 것이 당연하지만, 책에 담긴 내용까지 티끌로 변한다는 말이 가당키나 하냐고? 그러니까 나도 가당치 않다고 생각했는데, 이 책에 그렇게 나와 있단 말이다. 그래서 가장 나쁜 책이라고 하는 것 아닌가 말이다.

다음에 이 나쁜 책에 나오는 황당무계한 이야기 몇 개만 나열하겠다. 여러분의 에너지 낭비를 줄이기 위해 쉬운 내용만 썼다는 점, 이해하시기 바란다.

지난 50억 년 동안 태양은 중심부에 있는 수소를 원료 삼아 핵융합 반응을 일으켰고, 여기서 생성된 막대한 에너지로 자체 붕괴를 막아 왔다. 만일 핵융합이 일어나지 않았다면 엄청난 자체 중력을 이기지 못하고 오래전에 붕괴되었을 것이다. 그러나 다행히도 태양의 중심부 는 핵융합 반응이 일어날 만큼 온도가 충분히 높았기 때문에 여기서 생성된 에너지가 주변 입자를 바깥쪽으로 밀어냈고, 그 덕분에 안으로 내리누르는 엄청난 중력을 버텨 낼 수 있었다.

......

태양의 질량과 성분 비율로 미루어 볼 때, 안으로 내리누르는 중력과 바깥으로 밀어내는 압력 사이의 팽팽한 균형은 앞으로 약 50억 년 동안 유지될 것이다.(50억 년이라니, 상상도 안 갈 만큼 긴 시간이라고? 하하! 웃기지 마시라. 다음 내용을 조금 더 보시면 안다)

......

앞으로 약 55억 년 후에는 태양의 중심온도가 헬륨 핵융합 반응을 일으킬 정도로 높아져서(약 1억 도) 탄소와 산소가 생성되기 시작하고, 잠시 동안 강력한 에너지를 분출하면서 자신의 에너지원이 수소에서 헬륨으로 바뀌었음을 알린 후, 얌전한 작은 별로 수축된다.

......

태양의 바깥층은 계속 팽창하면서 온도가 내려가다가 결국은 우주공간으로 날아가고, 탄소와 산소로 이루어진 초고밀도 부위만 남는다. 이런 별을 백색왜성이라 하는데, 내부에 열에너지가 남아 있어서 향후 수십억 년 동안 빛을 발할 수 있다. 그러나 핵융합 반응이 재개될 정도로 높은 온도가 아니기 때문에 타고 남은 장작의 마지막 불씨처럼 서서히 잦아들다가 결국 '어둡고 차가운 구형 천체(죽은 별)'로 생을 마감한다. [7]

이렇게 해서 앞으로 우리 인류, 나아가 지구의 생명은 고작 50억 년 정도밖에 안 남았단다. 오, 하나님! 당신이 일주일에 걸쳐 창조한 세계가 사라진답니다. 그러니 이 책이 얼마나 한심한 책이냐 말이다.

그러나 앞에서 나는 말했다. '50억 년을 상상도 안 되는 긴 시간으로 여긴다고? 웃기지 마시라.'

이 말에 책임지기 위해 다음에 몇 문장을 추가하겠다.

> 별이 생성되는 데 필요한 성분 목록은 아주 짧다. 충분한 양의 수소만 있으면 된다. 수소 구름이 중력으로 서서히 뭉치다가 중심부의 온도가 임계값을 넘으면 핵융합 반응이 시작된다. 은하에 떠다니는 수소 구름의 총량과 하나의 별이 형성되는 데 필요한 수소의 양을 알면 별의 탄생과 소멸이 언제까지 계속될지 대충 짐작할 수 있다. … 천문학자들은 정교한 계산을 통해 "앞으로 100조 년이 지나면 모든 은하에서 별이 더 이상 탄생하지 않는다."라고 결론지었다.[8]

100조 년이라는 시간을 이처럼 쉽게 말하다니! 아무리 과학자라고 하더라도 이렇게 아무말 대잔치를 할 수 있단 말인가! 그렇지만 다음 문장을 보면 100조 년따위 시간은 말 그대로 너무 짧은 시간임을 알 수 있다.

> 앞으로 10^{19}년 후에는 태양계와 은하를 지배했던 천문 질서가 붕괴

되고, 은하를 탈출한 별들이 새로운 질서를 창출하게 될 것이다.[9]

10^{19}년이 얼마나 되는 시간이냐고? 이 책을 옮긴 물리학자 박병철이 붙인 주註에 따르면 ' 10^{19}년에서 현재 우주의 나이를 빼 봐야 간에 기별도 안 간다. 즉, $10^{19}-1.4\times10^{10}\cong10^{19}$이다. 따라서 빅뱅부터 재건 지금부터 재건, 별 차이가 없다.'란다. $\cong$는 무슨 표시냐고? '그게 그거다.'라는 수학 부호란다.

그래서 이 책을 읽다가 나는 놀라운 사실을 발견했다. 수십억 원 아파트 가진 사람을 부러워하는 것도, 수천억 재산을 가진 게임업체 소유주를 부러워하는 것도 우습기 짝이 없는 일이라는 것이다. 10^{19}년, 그러니까 일, 십, 백, 천, 만, 십만, 백만, 천만, 일억, 십억, 백억, 천억, 일조, 십조, 백조, 천조, 일경, 십경, 백경 년 후에는 지구, 태양은 물론 은하도 사라지는데, 고작 천억, 일조 따위 숫자에 연연할 것인가.

물론 10^{19}년 정도 되는 기간 역시 우스운 건 마찬가지지만.

빅뱅 후 10^{30}년 후에는 거의 모든 은하들이 사라지게 된다.
이 세계에는 우주여행을 해 봐야 구경거리가 별로 없다. 홀로 외롭게 떠다니는 죽은 별과 괴물 같은 블랙홀이 간간이 눈에 뜨일 뿐, 우주 대부분은 어둡고 황량한 공간으로 가득 찰 것이다.(379쪽)

'생각의 종말'은 앞으로 10^{50}년 이내에 닥칠 가능성이 높다.(395쪽)

쳇, 10^{50}년 후에는 은하수와 천체는 물론 눈에 보이지 않는
생각마저 사라진다니. 도대체 이게 말이나 되느냐 말이다. 그러나
브라이언 그린은 너무 상심하지 말란다.

두뇌가 다시 등장하려면 얼마나 기다려야 할까? 대충 계산해 보면 볼
츠만두뇌는 $10^{10^{68}}$년 안에 등장할 가능성이 높다.[10]

볼츠만두뇌는 '자발적으로 모인 입자 집단으로부터 탄생해서
두뇌와 같은 수준의 질서를 보유한 채 자유롭게 떠도는 사고체'를
가리킨다. 그러니까 무질서한 입자들이 모여 우연히 형성한 두뇌를
가리킨다. $10^{10^{68}}$년을 기다리면 인류가 온갖 짓을 서슴지 않아
멸종된다고 해도(핵전쟁이건 지구온난화건) 다시 인류와 같은 고도의
두뇌가 태어날 수 있단다. 오늘부터 마음껏 이산화탄소도 배출하고,
핵무기도 개발해서 터뜨리고, 농약도 마음껏 사용하자.

이 외에도 이 책에는 온갖 짜증 나는 내용이 가득하다.
그 가운데 대표적인 것 가운데 하나가 인간에게 자유의지가 없다는
것이다.

강연하는 브라이언 그린(2017).

평범하지 않은 우주를 머릿속에 넣고 사는 인물 치고는 무척 평범하게 생겼다.
위키피디어 Steve Jurvetson

우리는 물리 법칙의 지배를 받는 입자로 이루어져 있으며, 우리가 생각하고 행하는 모든 것은 입자의 운동에 기인한 현상이다.[1]

나도 처음에는 말도 안 된다고 여겼다. 그러나 이 책을 읽다가 나역시 인간에게 자유의지가 없다는 사실을 깨달았다.
바로 지능 때문이다. 다음에 내 이론을 설명하겠다.

만일 자유의지가 있다면 모든 인간은 자신의 지적 능력―을키우거나 없애는 것 역시 자유의지의 문제이니까. 그렇지 않은가.내가 공부를 하고 싶어서 하는 것이지, 내 몸 안의 전자들이배열되어서 공부를 하는 것은 아닐 테니까―을 극대화하고자 할것이다. 그러나 안타깝게도 우리는, 천재들은 태어날 때부터 나와는다른 존재라는 사실을 인정할 수밖에 없다. 이 책을 쓴 브라이언그린도 그 가운데 하나일 것이다.
그렇다면 천재성은 어디서 온 것일까? 돌연변이가 아니라면 당연히그의 부모가 물려준 DNA에서 왔을 것이다. DNA는 유전자이지의지, 즉 눈에 보이지 않는 추상이 아니다. 따라서 브라이언 그린이우리보다 잘나서 온갖 물리 법칙을 이토록 잘 이해하고 우리에게쉽게 전달하는 방식을 알아낸 것이 아니라, 그의 몸 안에 있는 전자배열이 우연히 뛰어났기 때문이다.

무슨 말인지 모르겠다고? 그럼 당신은 자유의지가 있다고 믿어라.
당신 스스로 브라이언 그린보다 못한 인간이 된 것이라고.
나는 자유의지가 없다고 믿겠다. 내가 브라이언 그린보다 덜
똑똑한 것은, 우리 몸 안의 전자 배열 때문이지 절대 의지의 문제가
아니라고 말이다.

《모든 것이 산산이 부서지다》

치누아 아체베 / 조규형 옮김 / 민음사

923,768km² 면적에 2억이 넘는 인구를 보유한 데다가 1인당 GDP(사실 이 기묘한 숫자는 사람을 넘어 나라까지 돈으로 평가하는 잣대인데, 어쨌든 이 숫자를 떠올리는 순간 우리는 상대 국가에 대해 잘 파악한 듯한 느낌과 함께 어렴풋한 선입견까지 갖게 된다)가 5천 달러가 넘는 아프리카의 대국 나이지리아에 대해 우리는 무엇을 얼마나 알고 있을까.

그런데 그 나라 종족 가운데 가장 큰 비중을 차지하는 하우사 족이라고 해봐야 전 인구의 30% 정도이고 그 외 약 250여 종족으로 구성되어 있으며, 이들이 사용하는 공용어는 영어지만 일부 엘리트들만 영어를 사용할 뿐이고(그 영어라는 것도 정통 영어가 있는가 하면 아프리카 많은 나라들처럼 프랑스어 영향을 받아 영어와 프랑스어의 혼합인 경우도 많고, 또 어떤 지역에서는 프랑스어를 유창하게

사용하기도 한다), 대부분 시골에서는 영어라는 언어는 구경도 못 해
본 것일 뿐 아니라 수많은 토착어를 사용한다는 사실을 알고 나면
우리의 반응은 이럴 것이다.

"그러면 그렇지. 아프리카의 대국이라고 해봤자 뭐 있겠어? 사람만
많고 스포츠나 잘하지 뭘 하겠어."

나라고 다르지 않았다. 이 책《모든 것이 산산이 부서지다》를 읽기
전까지는.

이렇게 말하면 누군가는 또 말한다.

"너 같은 인종주의자들이나 아프리카를 무시하지, 나는 아프리카에
깊은 관심을 가지고 있어서 그곳에 봉사활동을 가려는 뜻도 품고
있고, 또 그곳 아이들을 위해 다양한 지원 활동에도 참여하고 있어.
사람 사는 곳은 다 같아, 이 무식한 인종편견주의자야!"

그럴 것이다.

내가 아무리 성소수자들을 위한 차별금지법에 찬성하고, 사형
폐지론자이며, 관습적으로 부계 성을 따르는(오늘날 대한민국은 모계
성을 따를 수 있는 법적 장치를 가지고 있다. 그러나 그 일이 얼마나 어려운지는
겪어본 사람은 안다. 내 딸과 사위가 모계 성을 따르겠다고 했을 때, 나부터도
'그래도 괜찮을까?' 하는 생각을 했고, 그 사실을 주위에 알렸을 때 많은
사람들이 '왜 그런데?'라거나 '그게 가능해요?'라는 질문을 했으니까) 제도에
반기를 가지고 있으며, 다양한 결혼 방식을 찬성하지만(대한민국

시민, 특히 우주가 일주일 만에 태어났다고 믿는 동시에 태극기와 성조기,
이스라엘기를 사랑하는 분들은 상상도 하기 힘들겠지만, 유럽 국가들 가운데
동성 결혼을 허용하는 국가가 15개국에 전 세계적으로는 30개국 가까이 된다.
이것도 2021년 하반기 현재다), 아프리카에 대해서는 정말 많은 편견을
가지고 있었다.

그러다가 이 책을 읽게 되었다. 244쪽밖에 안 되는 장편치고는
짧은 소설.
그리고 책의 마지막을 덮으면서 천재라면 문학을 해야 하는 것
아닐까 하는 말도 안 되는 편견까지 덧붙여 품게 되었다.
치누아 아체베라는 젊은이(그는 1930년에 태어나 2013년에 세상을
떠났다)가 이 소설을 쓴 것이 28살 되던 1958년이었다. 그리고
이 작품 하나로 그는 나이지리아, 나아가 아프리카에도 현대
문학의 힘이 작동하며 그 작품은 곧 세계의 정신이 될 수 있음을
보여주었다.

내용은 읽어보시라.
그의 문체는 날렵하며 간결하고 정곡만 찌른다. 허튼소리가 없다.
어쩌면 그가 작품을 쓴 영어에 영국인이나 미국인보다 익숙하지
못해서 그런지도 모른다. 한국인이 영어로 글을 쓴다면 특별한
사람을 제외하고는 복잡미묘한 표현보다는 뜻을 정확히 전달하는

데만도 바쁠 테니까. 그래서 읽기도 쉽다.

그러나 그는 자신과 자신의 이웃들이 사용하는 토착어와 '쌍둥이를 낳으면 그대로 땅에 묻어 버리고, 아내를 세 명, 다섯 명까지 거느리며, 숲과 동굴의 신이 아이를 죽이라고 명령하면 용감한 아버지로서 아이의 두개골을 도끼로 치는 관습'을 참 평화롭게도 묘사한다. 여기서 평화는 peace가 아니라는 것쯤은 아실 것이다. 그리고 그런 야만적인 풍습을 거두고 교육과 제도를 전해주는 선교사에 대해서도 평화롭게 묘사한다.

마지막으로 두 개의 평화는 공존하지 못하고 결국 하나의 평화는 '산산이 부서지고' 마는 현실도 묘사한다.

책을 덮으며 나는 아프리카 역사를 종단했다. 물론 좌우 살필 겨를이 없어서 다시 제대로 100박 101일의 여행을 떠나겠다고 다짐하면서.

그리고 '아프리카분할'이라는 복합명사가 국립국어원에서 편찬한 대한민국《표준국어대사전》에 수록되어 있다는 사실도 깨달았다. 그 뜻이 무엇이냐고?

> '19세기 말에서 20세기 초에 걸쳐 서유럽 열강에 의하여 이루어진 아프리카 대륙의 식민지화 과정. 영국의 종단 정책과 프랑스의 횡단 정책이 교차되고 다시 독일, 이탈리아, 벨기에 등이 가담하여 더욱 격

나이지리아 지방 현황.

(나이지리아라는 나라에 다양한 종족과 언어가 존재한다는 사실을 전하려는 목적에서 수록한
지도이므로, 한글로 번역하지 않고, 위키피디어에 나오는 지도를 그대로 수록한 점 이해해
주시기 바란다.)

치누아 아체베는 이 가운데 남부에 위치한 이보 지역 출신인데, 이곳에서는 이보 족이
이보어를 사용하며 살아가고 있다.

그 외에 나이지리아 각 지역에서 각각 다른 부족이 자신들의 언어를 사용하며 자신들의
전통을 가꾸면서 살아가고 있다. 그러니 우리가 나이지리아에 대해 알고 있는 것은
거의 없다고 보아도 무리가 아닐 것이다. 한민족이 아니면 일단 냄새부터 맡고,
수도권과 나머지 지역으로 나누고, 사투리만 써도 손가락질하며 태극기를 보고 경례를
안 하면 매국노로 돌팔매질을 당해도 싼 우리가 도대체 그들에 대해 무얼 알고 있단
말인가.

화되었다. 1910년에 아프리카의 독립국은 에티오피아와 라이베리아 두 나라뿐이었으나 이들 원주민의 저항은 남아프리카 전쟁으로 발전하였고, 제국주의 국가 간의 충돌은 파쇼다 사건, 모로코 사건 따위로 표면화되었다.'

간단히 말하면 유럽 여러 나라가 개떼처럼 몰려들어 나라라는 행정제도와 토지 등기부등본도, 환경 파괴도 없이 농사지으며 살아가던 아프리카인들의 땅을 마구 강탈한 사건을 가리킨다. 그러니 치누아 아체베를 비롯해 수많은 아프리카인들이 오늘날 영어, 프랑스어, 스페인어, 독일어를 사용하는 까닭은 그 언어가 뛰어나서가 아니고, 기독교, 이슬람을 믿는 것 역시 더 뛰어난 종교라서가 아니라 침략자들이 가지고 들어온 것이기 때문이 아닐까 싶다. 아, 그 과정에서 사라진 수많은 아프리카 언어와 문화, 토속신앙이여!

더욱 놀라운 것은 '아프리카분할(Partition of Africa)이라는 표현을' '아프리카 쟁탈전(Scramble for Africa)', '아프리카 정복(Conquest of Africa)'과 함께 전 세계에서 사용하고 있다는 것이다. 그러니 오늘날 아프리카가 분할, 쟁탈전 또는 정복의 대상이었던 시대로부터 100년도 채 안 지난 상태일 뿐 아니라, 현재 아프리카 각 나라를 지배하고 있는 세력 역시 그러한 시대에 활개치던 군부가 대부분이라는 사실을 깨닫고 나면, 은연중에 품고 있던 아프리카에 대한 편견과 선입견이 얼마나 한심한 것인지 깨닫게 된다.

마지막으로 한 가지 '과학적' 사실을 알려드린다.
왜 모기는 늘 우리 귀 가까이에서 '엥~' 하며 나는지 아시는가?

36세 때의 치누아 아체베 모습.

그가 젊은 시절 대한민국 서울에 나타났다면 그는 대중교통을 이용하면서 꽤나 긴장해야 했을 것이다.

언젠가 수컷 모기가 암컷 귀에게 사랑을 고백했다.
그러자 귀가 박장대소를 하다가 바닥에 떨어지기까지 했다.
"당신이 얼마나 오래 살 것 같으세요? 당신은 이미 해골이나 다름없잖아요."
수모를 당한 모기는 물러났다. 그러나 그 뒤로 귀만 만나면 자신이 아직 살아 있다는 것을 알리기 위해 엥~ 하고 소리를 낸다.

이걸 모르고 나는 매일 모기향부터 찾았다.

《2천년 식물 탐구의 역사》
애너 파보르드 / 구계원 옮김 / 글항아리

뒤 그림들을 본 소감이 어떠신가?

하도 멋진 인쇄물들이 쏟아져 나오는 시대인지라 이런 고리타분한
그림들에 감탄을 느낄 분은 많지 않을 것이다.

그러나 인쇄술, 책, 문명의 생산과 확산에 조금이라도 관심을 가진
분이라면 이 그림들을 허투루 넘겨서는 안 된다.

뒤 그림은 오토 브룬펠스(Otto Brunfels, 1488-1534)라는 독일
신학자이자 식물학자가 펴낸 약초 의학서인데, 1530년에
베스트셀러가 되었단다. 그러고 보면 이 책이 얼마나 놀라운지
금세 알 수 있다. 오늘날에도 저 정도 편집을 하려면 상당한 실력이
동반되어야 할 테니 말이다. 게다가 더욱 놀라운 것은 책에 식물
그림이 많이 들어가 있다는 사실이다. 한스 바이디츠(Hans Weiditz,
1495-1537)가 만든 목판화 그림인데, 한스 바이디츠는 과거에

Hans Weiditz (1488-1534)

Gar hoflichen kan ich tantzen Die tantzen treibe sie adlich kunst
Mit meiner greten vmber schwantzē Darum hat sie ach fil mein gunst
Die hat ain mündlin das ist klug Ob ich faū hab ain grossen bauch
Ir nasz wer gut zum essich krug So find ich dannnoch wol das rauch

Hans Weiditz (1488-1534)

전해오던 식물 그림들을 적당히 판화로 만든 것이 아니라 책에
나오는 모든 식물을 직접 보고 그렸다.

그럼 다시 생각해 보자.

1530년이라면 우리 조상들은 무엇을 하고 계셨을까? 역사가
말하길 1234년, 고려시대에 《상정고금예문》이라는 책을
금속활자로 만들었다고 하며(그 책은 오늘날 전하지 않는다), 그로부터
백사십여 년 후인 1377년 제작된 《직지심체요절》은 당당히 세계
최초의 금속활자 인쇄본으로 인정받고 있으니 누가 뭐래도 세계
최초의 금속활자 발명국가는 우리 조상인 고려다.

사실 인쇄술이야말로 인류 문명 발전의 초석이 분명하다. 특히
금속활자 인쇄술은 그러한 문명의 발전과 확산에 결정적인 요소다.
문명 발전과 확산에 필수적인 정보를 쉽고 빠르며 값싸게 수많은
사람에게 전달하는 수단이니 말이다. 그래서 독일 출신 사업가인
요하네스 구텐베르크(Johannes Gutenberg, 1397-1468)가 서양에서는
처음으로 금속활자 인쇄술을 발명한 후 서양의 중세는 막을
내리고 근대 세계가 열리기 시작했으며, 소수의 성직자와 귀족이
모든 권력을 쥐고 흔들던 환경 역시 급속히 무너지기 시작하면서
종교개혁으로 이어진다.

그렇지 않겠는가. 이전에는 극히 소수의 지배층만이 알고 있던
지식이 갑자기 모든 시민에게 전파되니 더 이상의 정보 독점, 권력

독점, 직위 독점이 불가능해진 것이다.

그렇다면 세계 최초의 금속활자 발명국인 한반도에서는 무슨 일이
벌어졌을까?

아무 일도 일어나지 않았다. 본래부터 한반도에 있던 고려와
조선은 백성을 위해 봉사하는 사회가 아니었다. 고려와 조선은
백성을 돌보아야 할 존재로 여길 뿐 지배층과 대등한 존재로 여길
의사가 추호도 없었다. 그러니 아무리 세계 최초로 금속활자 기술을
발명했다고 해도 그 기술을 이용해 백성에게 정보를 보급할 의사가
없었다.

앞에서 살펴본 브룬펠스의 저작물과 비슷한 수준의 책이 한반도에
등장하기 위해서는 1900년대까지 기다려야 했다. 문명사적
관점에서 보자면 이것이 조선이 멸망한 까닭이다.(라고 하면 무리가
있을까? 나는 전혀 무리가 없다고 본다. 한 나라 – 또는 지역. 과거에는
나라라는 개념에 포함시킬 수 없는 지역이 있을지 모르니까 – 에서 함께
살아가는 모든 시민에게 같은 정보와 문화가 제공되는 것과 극히 일부
시민들에게만 정보와 문화가 제공되는 것이 같은 결과를 가져온다면 도대체
시민 교육이 왜 필요하며, 민주주의가 왜 필요할 것인가. 그러니 1900년대,
즉 20세기에 들어선 후에야 보편적 정보 제공이 이루어진 나라는 한마디로
근대국가라고 할 수 없다는 게 내 주장이다. 동의하지 않는 분이 계실 수도
있다. 모든 학문적 주장은 틀린 것이고, 그 주장의 비판, 그리고 다시 비판을

통해 학문은 발전하는 것이니까, 나 역시 내 주장이 옳다고 고집할 생각은 없다. 그냥 그렇다는 것이다.)

그리고 뒤 그림은 브룬펠스 저작에 목판화를 그려 넣은 한스 바이디츠가 그 시대에 그린 캐리커처 '댄서와 친구'다.

이제 본격적으로 책에 대해 살펴보자.

책에는 수많은 학자들이 등장한다. 그들 가운데는 그저 식물 연구를 즐기는 사람들로부터 현실적 필요 ― 대표적인 것이 약용 식물의 발견과 사용이다 ― 때문에 연구에 몰두한 사람들까지 다양하다. 그에 덧붙여 식물과 관련된 책들 또한 무수히 등장한다. 사실 우리가 식물 탐구의 역사를 확인할 수 있는 건 그들이 남긴 식물 관련 책들 때문이니까 당연한 일일 것이다.

그러나 이 책을 읽다 보면, 그 책들을 쓰고 연구하는 과정에서 일어나는 인류 문명의 발전 과정을 확인하게 된다. 물론 누군가는 순전히 현실적인 욕심, 예를 들면 더 멋진 책을 만들어 돈을 벌려는 욕심 때문에 문명을 진전시키기도 하고, 또 누군가는 말 그대로 더 나은 문명을 건설하기 위해 노력하였다는 사실도 깨닫게 된다.

루카 기니(Luca Ghini, 1490-1556)도 그 가운데 한 사람인데, 이탈리아 출신인 그는 '최초의 식물 표본집을 만드는 과정에서 식물을 연구하는 완전히 새로운 방식을 찾아냈다. 식물을 납작하게 눌러서 말린 식

식물을 납작하게 눌러서 말린 식물의 뼈대를 책에 붙이는 식물 표본집을 발명해 낸
루카 기니. 얼마나 자랑스러운 일이면 초상화에서도 그 책을 펼치고 있겠는가.

물의 뼈대를 책에 붙임으로써 식물 표본집을 발명해낸 것이다.'[12]

책은 서양 철학자이자 식물학의 창시자로 일컫는 그리스 출신 테오프라스토스(Theophrastos, BC 372? ~ BC 288?) 이야기로부터 출발한다. 테오프라스토스는 오래전 인물인 만큼 우리에게는 말도 안 되는 내용을 믿기도 하였다.

테오프라스토스는 처음에 발은 하늘에 떠 있고 입은 땅에 붙어 있는 동물이라는 개념으로 식물을 취급했다.[13]

테오프라스토스는 마침내 식물의 영혼이 뿌리와 줄기가 만나는 부위에 있다는 결론을 내렸다.[14]

그러나 이 정도 오해와 착각은 정말 아무것도 아니었다. 조선 선비 이익李瀷(1681-1763)은 실학자로 이름이 높으며 대표적으로《성호사설》이라는 백과사전적 저술을 남겼다. 그는 개혁사상을 주장하고 경세치용과 합리성을 내세우는 등 조선 후기를 대표하는 실천적 학자였다. 그런데 그의 대표적 저작인 《성호사설》에는 다음과 같은 내용이 나온다.

호복虎僕(짐승 이름으로 호랑)이니 창귀倀鬼(귀신 이름으로, 범에게 물려서 죽은 사람의 귀신이 범에게 붙어 다니면서 범의 심부름꾼이 된 것)니 하는 전설을 옛사람은 허망한 말로 여기기도 했으나, 나는 이런 이치가 있다고 본다. 도사道士가 귀신을 부리는 술법이 있다면 귀신도 그를 두렵게 여기고 복종하게 될 것이다. 우리나라에도 옛날부터 도깨비라는 것이 있었기 때문에 지금도, "도깨비처럼 속인 죄수는 나라에 경사가 있을 때 대사령大赦令을 내려도 그 죄를 감해서 놓아줄 수 없다."고 하였으니, 이 도깨비가 있었다는 것은 사실이다.

명나라 〈왕필王弼 전傳〉은 송염宋濂이 지은 것인데, 그때도 요술妖術 부리는 자가 있었다고 하였다. "왕만리란 자는 왕필에게 무슨 원한을 품고 왕필이 글을 읽고 있을 때 문밖에서 가끔 휘파람을 불었다. 하루는 대낮에 와서 울기에, 왕필이 왜 우느냐고 물어보았다. 그는 대답하기를, '나는 주씨의 딸인데 이름이 월서입니다.' 하였다. 그러고는 만리가 갑자기 허둥지둥하면서 까무라치더니 다시 일어나 버들 숲속으로 들어가서 제 손으로 머리를 깎은 다음, 배를 뚫고 염통과 간을 잡아 빼는 것이었다.

또는 눈과 혀와 귀와 코까지 모두 떼어서 놓고 무슨 가루를 뭉쳐 한 덩어리로 만든다. 그러고는 무슨 주문을 외면서 사람의 혼을 그 속에 불어 넣은 후 종이로 싼다. 이를 종으로 부리는데, 조금만 게으르면 바늘로 찔러 고달프게 만들고 또 아이들을 시켜 왕필을 해치도록 하였다. 왕필은 배겨낼 수 없어서 왕만리를 잡으라고 관청에 고소하게 되었다.

테오프라스토스가 남긴 대표 저작 가운데 하나인《식물의 역사》1644년판 표지.
테오프라스토스는 아리스토텔레스의 제자로, 아리스토텔레스는 세상을 떠나면서
그에게 자신의 도서관을 남겼다. 테오프라스토스의 실제적 관찰 연구 활동은
스승으로부터 배운 것이 분명하다.

그 현상을 직접 목격한 자가 열여덟 사람이나 있었는데, 이들도 역시 연명으로 고소까지 하자, 관청에서 왕만리를 잡아 족쳤다. 그의 주머니 속에서 부적에 찍는 도장과 짧고 긴 침 몇 개가 들어 있는 것을 발견하고 당장 처형하였다.

이렇게 된 후에 어떤 두 귀신이 왕필에게 와서, '우리도 월서와 같은 원한이 있다.'고 했다." 하였으니, 대개 서쪽 지방에 이같은 요술이 많았다는 것은 속일 수 없다.

테오프라스토스 사후 2천 년이 지난 후를 살던 우리 조상들이 이런 생각을 했다는 것을 상상해 보라. 기원전 300년 무렵, 그러니까 고조선 무렵을 살던 테오프라스토스가 이 정도 생각한 것이 무에 그리 이상하랴.
오히려 다음과 같은 정밀한 관찰을 바탕으로 글을 쓴 테오프라스토스의 행동을 기이하게 여기는 것이 당연할 것이다.

파피루스는 일반적으로 깊은 물이 아니라 약 2큐빗(90센티미터) 깊이의 물에서 서식하는데 때로는 그보다 얕은 곳에서 자라기도 한다. 뿌리의 굵기는 건장한 남자의 손목 굵기와 비슷하며 길이는 4큐빗(180센티미터)이 넘는다. 파피루스는 서로 엉킨 뿌리를 진흙에 박고 땅 위로 솟아 있으며 거기서 가느다란 줄기가 자라는데, 이 줄기 덕분에 '파피루스'라는 이름이 붙었다. 줄기는 삼각형에 길이가 약 10큐빗

(450센티미터)이고 깃털이 있지만 약해서 쓸모가 없으며 과일도 전혀 열리지 않으며 줄기만 여러 방향으로 자라난다. 이 식물의 뿌리는 땔감뿐만 아니라 매우 다양한 물건을 만드는 데 사용되는데 목재는 풍부하며 질이 좋다. '파피루스'는 다양한 용도로 활용할 수 있다. 배를 만드는가 하면 껍질을 엮어 돛, 깔개, 의류, 침대보, 밧줄 등을 만드는 데 사용될 수도 있다. 외국인들에게 가장 익숙한 물건은 이것으로 만든 파피루스 두루마리겠지만 이 식물은 무엇보다도 식량으로 매우 유용하다. 현지인들은 파피루스를 생으로 혹은 삶거나 구워서 씹어 먹으며 즙은 빨아 먹고 찌꺼기는 뱉어낸다. 이것이 파피루스이자 그 활용법이다.[15]

아마 그리스의 테오프라스토스만 이런 연구를 하고 기록을 남기지 않았을 것이다. 고조선을 살던 누군가도 이와는 다르겠지만 오늘날 우리에게 놀라움을 안겨줄 어떤 탐구와 기록을 남겼을 가능성이 높다. 그러나 안타깝게도 전하지 않는다. 기록이 얼마나 중요한 것인지 이로부터 다시 확인할 수 있다.
이는 누군가 독초에 대한 기록과 그림을 남겼다면 그 정보를 습득한 후대인들은 더 이상 독초로 인한 희생을 걱정하지 않았던 반면, 그러한 기록이 사라졌거나 남아 있지 않다면 다시 독초로 인한 희생을 거친 후에야 후손들의 안전이 보장되었을 거라는 사실을 통해서도 확인이 가능하다.

책은 이러한 문명의 탐구, 기록, 확산에 관한 기록이 가득하다.
오늘날 서양에 전해오는 수많은 식물 관련 책자들 속의 다양한
그림 구경은 가외의 소득이다.

마지막 책장을 덮으며 이런 생각이 드는 건 어쩔 수 없는
안타까움이다.

'왜 세계 최초의 금속활자 발명국인 한반도에서는 이런 정보의
기록과 보급, 나아가 더 나은 정보 생산을 위한 움직임이
없었을까?'

《여자를 증오한 남자들》
스티그 라르손 / 임호경 옮김 / 문학동네

누군가는 쳇! 하겠지만 나는 추리소설을 썩 좋아하지 않는다.
헐리우드 영웅 영화처럼 결말이 뻔한 글을 몇 시간씩 투자해서
읽는 건 인생 측면에서 경제적이지 않으니까.

그래, 맞다. 나는 진지충이다(혹시 이 글을 2024년 전후가 아닌, 그로부터
한참 지난 후에 읽는 사람들은 이 기이한 표현이 낯설 텐데, 이는 "인생 별것
있어? 소확행—음, 이 단어도 모르기는 마찬가지일 텐데, '소소하지만 확실한
행복'의 줄임 표현이다—이 인생이지" 하는 인생 경시輕視 풍조가 만연하던
시대에, 인생을 진지하게 여기는 이른바 먹물끼 있는 자들을 비하해 부르는
속어俗語다).

내가 '인생 경시 풍조'라고 표현했다고 해서 소확행을 중시하는
사람들을 경멸적으로 묘사했다고 여긴다면, 그건 제대로 본 것이다.
나는 수백억 년 만에 단 한 번—하기야 윤회나 부활이나 천국 같은
것을 믿는 사람들은 부정하겠지만—사는 삶을, 맛있는 닭 한 마리

뜯으며 맥주 마시는 행복이나, 중인환시리衆人環視裏*에 외제차 문
여는 행복 따위로 보낼 마음은 추호도 없으니 말이다.

그러니 절대 해결할 수 없는 사건을 다루지 않는 추리소설을
좋아하지 않는 것은 당연하다. 뻔한 결말을 향해 나아가는 지루한
이야기를 읽는 것은 호모 사피엔스로서는 불쾌한 일이니까.
그렇다고 내가 추리소설을 읽지 않는다고 여기는 것은 오해다.
나는 절대 선입견을 갖는 인간이 아니다. 여러 추리소설을 읽고 난
다음 이런 판단에 이른 것이다.

또 하나, 최근 추리소설 작가들은 자신들이 이른바 '고급 문학'
작가로 인정받는 대신 대중소설 작가로 폄하된다고 여겨서인지
그럴듯한 표현을 즐겨 사용한다. 자신의 작품이 마치 대단한

---

*   중인환시衆人環視는 '여러 사람이 둘러싸고 지켜봄'이라는 뜻으로
《표준국어대사전》에 등재되어 있다. 따라서 중인환시리는 '여러 사람이
둘러싸고 지켜보는 가운데'라는 부사이고. 왜 한글로 쓰지 않고 한자어를
쓰냐고 묻는 분이 계실 것이다. 우리말은 우리 고유말뿐 아니라 한자어 등
다양한 외래어로 구성되어 있다. 만일 우리 고유말만 써야 한다면 좋겠지만,
도저히(이 표현도 한자어다) 그렇게 언어생활(이것도 한자어다)을 해나갈 수는
없다. 그리고 표현은 다양할수록 좋다는 게 언어를 연구하는 전문가들의
뜻이다. 그러니 조금 어렵다고 해서 그 말 쓰지 않고 쉬운 말만 써야 한다면,
철학서적, 과학서적, 심리학서적, 문학이론서적, 사상사 관련 책을 읽을 때는
어떻게 할 것인가. 그런 책 읽을 필요 없다고 여기는 분이라면, 이런 독후감
책도 읽지 않으실 것이다.

문학성을 갖춘 것처럼. 나는 그런 현학적 노출도 썩 좋아하지
않는다. 솔직히 추리소설 읽으면서 어떤 독자가 문학적 표현을
즐기겠는가. 이야기 전개 쫓아가기도 바쁜데.

그러니 내가 《여자를 증오한 남자들》이라는 소설을 집어 든
것은, 이제는 저물어가는 상권인 이대 앞 후미진 골목에 자리한
'미스터리 유니온'이라는 추리소설 책방에 어쩌다 들렀기 때문이다.
이런 만연체 문장을 쓰면 안 되는데······. 그러나 나는 문학을
전공하지도 않았고, 글쓰기 책을 단 한 권은커녕 한 쪽도 읽은 적이
없으니 어쩔 수 없다.
그곳에서 몇 권의 책을 구입해야 했는데, 이 책은 내 기억에
주인장이 권하지 않았다. 그냥 내가 골랐던 것 같다. 추리소설
주제에 하드커버라니! 그런데 기억해 보니 시리즈가 세 권이었던
것 같은데, 추리소설에 시간을 투자하지 않는다는 신념에 따라
그냥 한 권만 빼 들었던 것 같다. '것 같다'라는 표현을 반복적으로
사용하는 것을 이해해 달라. 모든 기억이 뿌옇기 때문이다.
그렇게 구입한 다음 책상 위에 처박아 두었다. 내 방에는 작업
책상과 넓은 책상이 있다. 넓은 책상에는 최근에 구입한 책,
정리하지 못한 책 따위가 쌓여 있는데, 그 가운데 박혀 있었다는
말이다. 그러다가 화장실 갈 때 읽을 책이 마땅하지 않아서 그냥 이
두꺼운 책을 들고 들어갔다.

그런데 저자 소개에서 뭔가가 왔다.

'스웨덴의 언론인이자 작가. 총 10권으로 기획한 '밀레니엄 시리즈'를 3권까지 탈고해 출판사에 넘긴 뒤 책이 출간되는 모습을 보지 못하고 2004년 11월 심장마비로 사망했다. 어린 시절에는 반파시스트인 외조부에게 영향을 받았고 십대 시절부터 사회 문제에 적극적으로 관심을 기울였다.

…….

반민주주의, 극우파, 나치즘 문제에 천착하며 기자로서 사회정의를 수호하는 데 평생을 바친 한편, 반대파의 살해 위협 때문에 32년간 연인이자 동료였던 에바 가브리엘손과 법적으로 혼인하지 못했다. 불안한 삶 속에서도 자신의 일과 신념을 지키려 몰두한 그의 생애가 '밀레니엄 시리즈'에 고스란히 담겨 있다.'[16]

이것만 보아도 책을 읽고 싶지 않은가!

그러니 작가 소개를 쓴 출판사 편집자는 성공한 것이다.

그렇게 책을 펼친 지 딱 20시간 만에(음, 이건 스톱워치로 책 읽는 시간을 잰 게 아니라, 금요일 6시부터 시작해 토요일 2시에 마지막 장을 덮었다는 말이다. 도중에 잠도 자고 똥도 싸고 밥도 여러 번 먹고, 낮잠도 잤으니 남는 시간은 687쪽짜리 책을 읽는 데 정신을 집중했다는 말이다) 마지막 장을 덮었다.

스톡홀름시 뮤지엄에 있는 밀레니엄 전시관.

스웨덴에서 이 책의 위상이 어느 정도인지 확인할 수 있다.
위키피디어 Holger.Ellgaard

하, 이렇게 재미있는 책이라니!

게다가 내 평생 추리소설에 대한 독후감을 쓰리라고는 상상도 하지
않았는데, 책을 덮은 후 즉시 독후감의 기승전결이 머릿속에서
계주를 펼치기 시작했다. 한순간의 실수도 없이 네 명의 주자가
빈틈없이 배턴을 주고받으며 결승선을 통과하듯.

원래 독후감에 줄거리 따위를 쓰지 않지만, 추리소설은 더더욱
쓰면 안 되는 것이야 삼척동자도 알 것이다. 줄거리를 한 줄이라도
쓰는 것은 읽지 말라는 말 아닌가? 하물며 주인공이 누구인지도
언급하면 안 된다. 그것이 실마리가 될 수도 있으니.(그런데 이 책
맨 앞에는 등장인물 명단이 나온다. 그만큼 많은 사람이 등장할 뿐 아니라,
그들 이름 역시 홍길동이나 제임스 딘같이 우리에게 익숙한 이름이 아니다.
닐스 에리크 바우르만이니 벤네르스트룀처럼 기억은커녕 읽기도 어려운
스웨덴 이름이라서 친절하게 넣은 듯한데, 혹시라도 읽기에 김 빠질까 나는 그
명단조차 읽지 않았다)

그러니 줄거리에 대해서는 침묵한다.

다만 이 추리소설 작가는 다른 추리소설 작가와 달리 자신이
하고자 하는 말을 추리소설의 기법을 이용해 전달한다는 사실은
반드시 말하고 싶다. 결국 그는 추리소설을 쓴 것이 아니라
제목 '여자를 증오한 남자들', 아니 '여자를 경시한 사회'에 대해
이야기하고자 한 것이리라.

하기야 이 또한 내 생각이니까, 틀려도 할 수 없다. 나는 그렇게 읽었고, 시리즈 2번 《불을 가지고 노는 소녀》라는 제목은 1권과 달리 작가가 하고 싶은 이야기가 아닐 거라고 여긴다. 누가 불장난하는 소녀에 대해 이야기하고 싶겠는가.

다만 2권 역시 잡으면 놓지 못할 만큼 흥미로울 것이고, 여성에 대해 이야기할 것이라는 사실은 짐작할 수 있다.

덧붙임 ; 원작자는 10권을 기획했지만 3권을 쓰고 사망했기에 독자들이 안타까워했고, 출판사와 유족 측은 못내 아쉬워하는 독자들을 위해 다비드 라게르크란츠라는 범죄 사건 전문 기자 출신을 작가로 지정, 4권을 출간했단다. 다행히 독자들 평이 좋아 2권을 덧붙여 6권으로 마무리할 예정이라고 한다.

그래서 다 읽을 거냐고? 모르겠다. 요즘 하도 바빠서.

《나무는 거짓말을 하지 않는다》

발레리 트루에 / 조은영 옮김 / 부키

1939년, 영국 옥스퍼드대학교의 애슈몰린 박물관은 안토니오 스트라디바리의 전설적인 바이올린 '메시아'를 손에 넣었다. 가격이 2000만 달러 이상으로 추정되는 이 바이올린은 현존하는 가장 비싼 악기 중 하나로, 런던의 유명한 악기 제작자이자 수집가 집안인 W.E. Hill & Sons가 기증한 것이다.

……

그러나 60년 후, 갑작스럽게 이 놀라운 선물에 대한 논란이 불거졌다. 1999년 뉴욕 메트로폴리탄 미술관의 악기 보존 전문가인 스튜어트 폴렌스가 메시아의 위작 가능성을 제기한 것이다.

그래서 결론은?

특히 놀라운 점은 책에는 바이올린 사진이 나오지 않는다는 사실이다. 그러니 책을 읽기 전에 내 독후감을 읽으신다면 축복받은 분이다. 다른 독자보다 더 입체적으로 책을 이해할 테니까.

너무 많은 정보를 드리면
스포일러(사실 이런 용어를 나는
혐오를 넘어 경멸하는데, 이렇게
미국이나 영국에서 사용하는 단어를
그대로 들여오면 그 단어는 특정 개념을
설명하는 기호에 불과할 뿐이다. 아,
대부분 언어라는 게 특정 개념을 설명하기
위한 기호인 것은 맞다. 그러나 언어는
개념을 드러내는 기호의 의미 외에 그
언어를 사용하는 사회, 인간, 역사, 전통,
풍습, 종교 같은 문화도 포함한다. 그래서
가능하면 언어는 특정 언어를 사용하는
문화계가 능동적으로 만들어 사용하는
것이 좋다. 스포일러라는 단어, 하면
무엇이 떠오르시는가. 국어사전에 나오는
대로 '영화나 연극 따위를 아직 보지 않은

**메시아라는 놀라운
이름의 바이올린**

사람에게 주요 내용, 특히 결말을 미리 알려서 보는 재미를 크게 떨어뜨리는
사람. 또는 그런 내용의 말이나 글.'이 떠오르실 것이다. 그러니 이 단어에서
특별한 뜻을 찾기란 어렵다. 그런데 본래 영어 spoil은 동사로 '망치다, 버려
놓다, 못쓰게 만들다', 명사로는 '약탈품' 등을 뜻한다. 그러니 영어 사용자들
사이에 spoiler는 매우 좋지 못한 인간인 셈이다. 이에 대해 일본에서는

'네타바레(ネタバレ, ネタばれ)'라고도 한단다. '네타바레'는 이야기의 핵심 부분을 뜻하는 일본어 속어 '네타(ネタ)'와 '들키다 혹은 발각되다'라는 의미의 '바레루(バレる)'의 합성어다.[17] 그런데 우리는 그저 영어 spoiler를 뛰어난 표음문자인 한글을 이용해 '스포일러'라고 표기하고 있다. 이때 스포일러는 우리말이 아니라 영어다. 영어를 사용하면서 우리말을 사용한다고 착각하고, 그런 영어를 무수히 많이 사용하면서 부끄럽게 여기지 않는 것, 그것이 문제 아닐까. 그래서 '내용누설'이라는 기존 개념도 좋고 '영화헤살꾼'이라는 어려운 신조어도 괜찮다고 여긴다. 그저 우리의 시각에서 만든 어휘를 사용하면 좋겠다는 생각이다)가 될 테니까 더 자세한 내용은 책을 참고하시길. 정말 재미있다.

이제 본격적으로 책 이야기를 하자.

"발레리, 이제 1년이면 학위를 받을 수 있어. 그리고 네 앞에 재밌고 돈벌이도 되는 기회가 활짝 열릴 텐데, 나이테라고? 그것도 아프리카에서? 그거 해서 직장은 구할 수 있겠니?"

우리나라 엄마들이라고 다를까? "예진아, 이제 1년이면 의사가 될 수 있어. 그리고 네 앞에 재밌고 돈벌이도 되는 기회가 활짝 열릴 텐데, 나이테라고? 그것도 아프리카에서? 그거 해서 아파트 받고 B씨 승용차 구할 수 있겠니?"

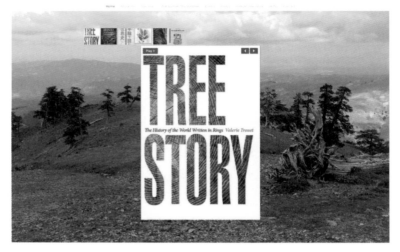

20여 년 전, 엄마로부터 핀잔을 들은 필자의 누리집 초기 화면이다. 이름하여 valerietrouet.com.

그래서 공부 잘하면 모두 의대를 보내려고 안간힘이다. 내 아는 분 가운데 그렇지 않은 분 계시다. 자식이 무척 공부 잘하는데 의대가 아니라 물리학과를 간 경우, 수학과를 간 경우. 그런데 더 놀라운 게 이분들이 주위에서 듣는 핀잔이다. "아니, 왜 아이를 그런 데 보내요? 그 성적으로 의대 가야지." 그래서 이렇게 말씀하셨단다. "우리 아이는 수학, 물리학이 하고 싶대요. 그러니 여러분 자녀를 의사 시키세요."

왜 대한민국에서 태어난 청소년들은 나이테에서 지구의 역사를
발견하는 희열을 느끼면 안 되는 걸까? 아, 오해하지 마시라. 의사를
폄하하는 게 아니니까. 게다가 오늘날과 같이 삶의 의미 따위는
개나 줘버리라는 사회 분위기에서 기성세대가 '돈이 최고야'를
외치는데, 청년들만 '돈보다는 의미' 같은 입에 발린 삶을 살 수는
없는 것 아닌가 말이다. 다만 나는 공부 잘하는 이과생은 의대,
문과생은 로스쿨 하는 식의 암묵적 교육 공식이 우리 청소년들의
미래를 옥죄는 것은 아닌가 우려를 하는 것뿐이다.

발레리 트루에라는 벨기에(이건 100% 정확한 것은 아니다. 저자 소개에도
출신국이 없는데, 책 내용 가운데 벨기에 젠트대학교 출신이라고 적혀 있다)
출신 과학자가 만일 엄마의 충고를 받아들였다면, 우리는 참으로
재미있고 유익한 이 책을 갖지 못했을 것이다. 그러니 한 청년의
삶은 얼마나 값진 것인가. 그렇게 한 청년이 누구도 걷지 않은
새로운 길을 향해 걷는 외로움과 두려움을 무릅쓰지 않는다면
오늘날 인류는 어느 곳에서 헤매고 있을까?

자, 지금부터 왜 이 책이 참으로 재미있고 유익한지 알려드리겠다.
내 시답잖은 글과는 비교할 수 없을 만큼 흥미진진한
본문을 소개해 드리겠다. 만일의 사태, 즉 이 글이 원서의
저작권을 침해한다는 분쟁을 미연에 방지하기 위해 여러분께
알려드린다. 여기 인용하는 부분은 빙산의 일각 정도가 아니라

구우일모九牛一毛, 즉 황소 아홉 마리 가운데 날리는 한 가닥
터럭에 불과하다. 그러니 재미를 느끼셨다면 꼭 이 책을
구입하시라. 300쪽이 넘는 책에는 말 그대로 지구와 함께한 나무
이야기가 가득하니 말이다.

> 나무는 안에서 바깥으로 자란다. 가장 최근에 생긴 나이테가 나무껍
> 질에서 가까운 가장 바깥에 있고, 맨 처음에 만들어진 가장 오래된 나
> 이테는 중심에 있다. 나무에서 부피 생장이 일어나는 곳은 나무껍질
> 과 목질부 사이의 '부름켜Cambium(형성층)'라는 섬세한 부위다. 새
> 로운 나무 세포는 부름켜에서 만들어진 다음에 먼저 형성된 더 오래
> 된 세포 바깥에 축적된다. 한 나무의 줄기를 통틀어 나무껍질 바로 안
> 쪽의 이 얇은 부름켜만이 실질적으로 살아 있는 부분이다. 그 외의 목
> 질부와 나무껍질은 죽은 물질로서 일차적으로는 나무에 안정성과 보
> 호를 제공하고 지하의 뿌리와 위쪽의 나뭇잎 사이에서 물과 영양분
> 을 수송한다.[18]

그러니까 지금까지 우리가 알던 것과는 달리 나무에서 진정 살아
있다고 할 부위는 나무껍질 바로 안쪽이지 중심부가 아니라는
말이다. 나만 몰랐지, 다 아셨다고? 죄송합니다. 저는 나무 가장
중심이 가장 소중한 부위인 줄 알았습니다그려.
그리고 이 부름켜가 나이테를 만든다는 사실도 알았다. 부름켜는

봄부터 여름까지는 세포분열이 활발하게 이루어져서 크고 부드러운 세포를 만드는 반면, 가을부터는 분열 속도가 느려져 크기가 작고 단단한 세포를 만드는데, 이런 두 종류 세포가 겹겹이 쌓이면서 나이테가 된단다.

> 우리는 많은 나무의 생장이 억제된 해는 허리케인이 발생한 해와 일치한다는 사실을 이미 알고 있었다. 하지만 더 중요한 사실이 있었다. 나이테 기록과 난파 기록을 비교했더니 나무들의 생장이 억제된 해는 배가 많이 침몰한 해와 일치한 것이다. 선박 침몰 사건이 그것과는 전혀 무관한 나무의 생장 억제 시기와 그렇게 잘 맞아떨어지는 걸 보고 우리도 놀랐다.
>
> 카리브해에서 많은 배가 난파된 해에 빅 파인 키에서 나무의 생장이 억제된 이유를 설명할 수 있는 유일한 메커니즘은 허리케인이다.[19]

수백 년 된 나무 나이테를 통해 수백 년 전 어느 해에 배가 많이 난파되었다는 사실을 확인하다니! 과학자들은 어쩌면 늙을 겨를이 없겠다는 생각이 든다. 그처럼 즐거우면서도 새로운 세상을 향해 나아가니 언제 늙으며 언제 인생 걱정을 하겠는가.
그런데 그 정도가 아니다.

> 칭기즈 칸은 지난 1000년 중에서도 가장 비가 넉넉히 내린 수십 년 동

안 제국을 건설하고 확장했다. 정복 활동의 전성기였던 1211-1225년은 15개의 넓은 나이테가 연속으로 나타났다. 이 기간에는 강수량이 평균 이상인 다우기多雨期가 15년 동안 지속되었는데, 지난 1112년 동안 유사한 예가 없었다. 13세기 초의 습하고 온화한 기후와 칭기즈칸의 성공을 이어 주는 가장 직관적인 연결 고리가 있다면, 이런 날씨에서는 초원의 풀이 잘 자랐기 때문에 점점 늘어나는 군마를 먹일 사료를 충분히 제공할 수 있었다는 것이다.[20]

놀랍지 않은가. 역사학자들은 기록으로 역사를 재구성하는 데 비해, 과학자는 자연의 증거로 재구성한다. 도대체 나무 나이테를 가지고 천 년 전 역사를 재구성한다는 게 상상할 수 있는 일인가? 공식이나 외우고 수능 점수니, 경시대회 입상 따위에나 신경 쓰는 교육을 받으면 이런 상상력을 키울 수 없는 것은 당연하다. 그래서 유명한 과학자 최재천은 이 책의 추천사에 이렇게 쓰고 있다.

〈연륜연대학이 이렇게 재미있고 유용한 학문인지 미처 몰랐다. 이 책이 중고등학교 필독서가 되면 좋겠다.〉

과연 가능할까? 최재천 박사가 아무리 외쳐도 〈EBS 수능교재〉가 필독서가 되겠지.
아, 연륜연대학은 나이테를 통해서 과거 기후변화와 자연환경, 역사

등을 밝히는 학문이다.

그럼 다음 이야기는 어떤가?

> 지난 세기(그러니까 20세기를 가리킨다)에 산림청(미국 산림청)이 산불과 대단히 훌륭하게 싸워 낸 덕분에 20세기에 산불이 일어났다는 증거를 찾기 어렵다.[21]

당연한 이야기다. 산을 소중히 여기고 산불 방재 도구와 기술이 발전하면서 산불이 줄어든 건 미국뿐 아니라 세계가 마찬가지일 것이다. 그런데 왜 21세기 들어서 미국에서는 대형 산불이 끊이지 않는 걸까?

> 우리는 미국 서부 전역에서 수십 년간의 산불 역사를 연구하며 찾은 지표화地表火(지표에 있는 잡초·관목·낙엽 등을 태우는 산불. 이 단어를 책에서는 한글로만 표기했다. 아쉽다. 당연히 한자를 표기해 주어야 무슨 뜻인지 알 수 있지 않겠는가. 물론 앞부분에 영어로 surface fire라고 부기하고 있다. 그럼 영어를 모르면 안 되고 한자어는 몰라도 된다는 말인가? 어차피 한자 모르는 독자가 대다수라고? 그래서 아예 한자어 병기를 하지 않으면 많은 독자들은 왜 기초 한자를 배워야 하는지 언제쯤 깨닫게 될까? 만일 한자 모르는 걸 당당하게 내세우는 오늘날 풍토가 이어진다면, 이러한 단어가 등장하는 책들을 국민 다수가 읽는 날이 오기는 할까?)가 실제로 이 지역

의 건조한 숲에 나쁘지 않다는 사실을 발견했다. 오히려 지표화는 숲을 건강하고 활력 넘치게 유지하고, 덤불이 산불의 연료가 되지 않도록 조절하는 데 필요했다. 그러나 불길이 체계적으로 진압된 한 세기 동안 산불 결핍Fire Deficit으로 인해 하층부 관목들이 이례적으로 조밀하게 자라 버렸다. 20세기 스모키 베어 효과로 인해 산불의 연료가 밀집되고 구조가 변화하면서, 서부의 산불 유형Fire Regime은 강도가 낮은 지표화에서 강도가 세고 피해도 큰 수관화Crown Fire樹冠火(나무의 잎과 가지가 타는 불. 지표화로부터 발생하여 나무줄기에서 수관, 즉 나뭇가지와 잎이 달려 있는 부분으로 강하게 퍼져 가는 위험한 불)로 바뀌었다. 산에 불이 났다고 해서 무조건 물을 뿌려야 하는 것이 아님에도 지난 한 세기 동안 지나치게 열심히 불과의 사투를 벌여 왔고 그 위험한 결과를 이제야 체감하고 있다. 미국 서부에서 지난 40년 동안 규모와 파괴력이 큰 산불이 늘어나는 추세는, 산불을 '일절 허용하지 않은 Zero-Tolerance' 철저한 관리로 인해 원래보다 자주 발생했어야 하는 지표화가 일어나지 않은 탓으로도 볼 수 있기 때문이다. [22]

참으로 놀랍고 흥미롭지 않은가. 자연스레 발생해서 주변을 태운 후 꺼질 산불을 열심히 끈 결과 숲이 정돈되지 않은 채 밀집되었고, 그로 인해 오히려 사람의 힘으로는 통제할 수 없는 커다란 산불이 자주 발생한다는 주장 말이다. 물론 필자 역시 '지표화가 일어나지 않은 탓으로 볼 수 있기 때문이다.'라고 쓰면서 자신의 주장이 절대적인 것은 아니라는 사실을 넌지시 알려주고 있지만, 여하튼 어떤 현상도 쉽게 판단해서는 안 된다는 사실을 다시 한번 깨우쳐 준다.

사실 아직도 여러분께 알려드리고 싶은 놀라운 이야기는 차고 넘친다. 그러나 너무 많은 양을 알려드리면 저작권 침해 사범으로 처벌받을 수 있다. 그래서 이 정도에서 멈추겠다. 하지만 마지막으로 꼭 알려드릴 내용이 있다.
저자 발레리 트루에는 여성이다. 아, 벌써 아셨다고? 다시 죄송하다. 나는 발레리 트루에라는 이름만 가지고는 여성인 줄 몰랐으니까. 여하튼 나는 특별히 여성, 남성을 구분하거나 의식해서 표기하지 않는다. 그래서 앞에서도 필자를 가리켜 '청년'이라는 표현을 썼다. 암묵적으로 청년은 젊은 남성으로 여기는데, 그렇다면 같은 여성은 무엇이라고 표하는지 궁금하다. 청녀? 아니다. 숙녀? 숙녀는 신사에 대비되는 단어니까 어울리지 않는다. 그래서 나는 젊은이면 남성, 여성을 가리지 않고 청년이라고 부른다.
발레리 트루에는 과학에만 탁월한 것이 아니라 글쓰기에도 뛰어나다. 게다가 잘난 척도 잘한다. 아, 잘난 척이 아니라 잘난 것이구나. 그런 발레리의 모습을 보여주는 대목이 있다. 과학과는 아무런 관련도 없는 내용. 혹시라도 과학보다 이런 내용에 관심을 가지실 분이 계실 듯해서 알려드린다. 즐감하시길!

오후 3시, 나는 결국 주저앉아 밥을 먹지 않으면 더는 못 하겠다고 선언했다. 이에 세 동료는 마지못해 잠시 쉬었다. 그리고 바로 다시 작업에 들어가 계속해서 목편을 추출하다가 해가 저물 무렵, 어두워지기 직전이 되어서야 부리나케 산을 내려갔다.

...

그렇게 일주일을 보내고 마지막 날 저녁, 나는 이 남자들에게 도무지 멈춤이라는 게 없는 작업 방식에 대해 물었고 마침내 진실이 드러났다. 사실 이들은 내가 밥을 먹자고 우길 때마다 속으로 너무 좋았다고 했다. 셋 중 누구도 배가 고프다는 걸 먼저 말하고 싶지 않았을 뿐이다. 분명 나 이전에, 그러니까 이들의 필드 작업에 합류한 최초의 여성인 내가 끼니때를 챙기자는 지극히 정상적인 제안을 하기 전까지 이들은 하루 종일 먹지도 않고 이 강도 높은 노동을 계속했을 것이다. 그렇게 고백은 이어졌다. 누구도 밤에 춥다는 걸 먼저 인정하고 싶지 않아 지금까지 산속 기온이 영하로 떨어져도 숙소 창문을 활짝 열어놓고 잤다는 사실이 드러났다. 그 순간 내가 여자인 게 참 다행스러웠다. 내게는 여성 과학자로서 99가지 문제가 있지만 적어도 자존심을 지키려다가 굶어 죽거나 얼어 죽는 일은 없을 테니까 말이다.[23]

어

앙

《위로받지 못한 사람들 1, 2》
가즈오 이시구로 / 김석희 옮김 / 민음사

살다 보면 화가 날 때가 무척 많다. 언제 그러냐고?
시시때때로, 그러니까 열거하기도 힘들다. 그러나 가장 화가 날
때는 나의 부족함을 확인하는 시점이다. 밥을 급하게 먹다가
사레가 들리면 그런 결과를 초래했다는 사실 때문에 화가 난다.
켁켁거리면서 내가 이런 수준의 인간임을 확인하고는 화가 난다.
사기를 당했을 때도 사기꾼에게 화를 내야 하는데, 사기꾼에게 당한
바보 같은 나 자신에게 훨씬 화를 내고 있는 모습을 발견하게 된다.
그런데 나라는 존재는 본래 부족한 것 아닌가? 그러니 늘 화가 나
있는 게 당연하다. 부족한 것을 확인하고 또 확인하며 말이다.

그렇다면 살다 보면 기쁠 때는 없는가?
있다.
언제 그런가?

인간의 한계, 그러니까 나의 한계를 깨고 더 넓은 세상, 우주로
나아가는 경험을 할 때다.

그런 경험은 대개 예술로부터 나온다. 창조, 발명에서도 온다.

그래서 참된 창조, 참된 발명은 예술이다.

복권이 맞았을 때도 희열을 느낀다고? 맞다. 순간의 예술이다.

그러나 그 예술은 오래가지 못한다. 3년? 그러니 복권이 맞았다면
3년 안에 예술적 경험을 통한 고양高揚이 가능하도록 공부하라.

이 소설을 읽다가 화가 났다.

도무지 이해하기 힘든 대목이 너무 많기 때문이다. 아, 이해하기
힘든 대목이 많은 게 아니라 이해할 수 있는 대목이 거의 없었다.

처음에는 당황했고, 다음에는 화가 났다. 이 정도도 이해하지 못할
거라면 머리는 왜 달고 다녔지?

분명히 부모님은 내게 좋은 머리를 물려주셨는데, 나는 왜 그
머리를 계발하지 못하고 이 정도를 이해하지 못하는 걸까? 그
게으름에 화가 났다.

다 화가 났다.

그래서 책을 70%쯤 읽었을 때 책 말미에 붙은 옮긴이의 글을
읽어보기로 했다.

김석희 선생의 옮긴이 글은 유명하니까 그로부터 뭔가 단서를 얻을
수 있을 것이라고 판단했다.

너무 길고 따분하다는 비평에서부터, 용기 있는 도전이라거나 이제까지 이시구로가 쓴 작품 가운데 최고의 걸작이라는 칭찬에 이르기까지 가지각색이다. 예컨대 하버드 대학 제임스 우드 교수 같은 평론가는 이 소설이 '나쁜 소설의 한 유형을 만들어 냈다.'고 비난한 반면, 옥스퍼드 대학 존 케리 교수 같은 이는 이 소설을 '20세기의 가장 읽을 만한 소설 50선'에 포함시켰다. 하지만 몇몇 인터뷰 기사에 따르면, 이시구로 자신은 세간의 비평에 초연한 태도를 보이면서, 이 소설이야말로 자신 있게 내놓은 작품이라고 단언하고 있다.[24]

김석희 선생의 글을 읽다 보니 갑자기 기분이 풀린다.
'그러면 그렇지. 나만 모르는 게 아니었어.'
그런데 더 놀랄 만한 일은 그 다음에 일어난다.
아무리 지루하고 '나쁜 소설'이라고 하더라도 손에서 놓지를
못하겠는 거다. 아무리 재미있는 소설도 500쪽이 넘으면 한 번에
읽기는 힘들어서 읽다가 접어두고, 다른 일을 하다 보면 그 책에
손이 가지 않는 일이 허다하다.
분명히 읽을 때는 재미있었는데 왜 다시 손이 가지 않는 걸까?
그런데 이 소설은 자꾸만 손이 가는 거다. 한 번에 100쪽 정도를
읽었으니 1, 2권 합하면 열흘 남짓 걸렸을 거다. 그런데 그동안
이 책을 읽어낸 힘은 바로 손끝의 힘이었다. 저리 치워두고 나서
다른 일을 하다가 보면 자꾸 그 책으로 손이 가는 거다. 이건 무슨

새우*도 아니고.

사실 이런 소설이 한 권 더 있었다. 제임스 조이스의
《율리시스》라는 소설이었는데, 이 소설이야 난해하고 복잡한 걸로
유명하니까 처음부터 별 기대를 하지 않고 읽었다. 그런데 결국 다
읽어냈고, 재미있었다. 말도 안 되는 내용들인데 기억이 생생하고
재미있었다. 이야기도 없고, 그렇다고 무라카미 하루키 같은 말초적
표현도 없고, 독자에게 아부하는 태도도 없는데 왜 끝까지 읽도록
만드는지 모르겠다. 급기야 책을 덮고 나서는 '반드시 아일랜드로
여행을 가서 주인공 블룸의 여정을 나도 따라가 봐야지.' 하는
다짐까지 했다.
《율리시스》에 대한 이야기는 다음에 하기로 하자.

여하튼 나는 《위로받지 못한 사람들 1, 2》를 다 읽었는데, 마지막
장을 덮으면서 느낀 것은 나도 위로받지 못하고 살고 있고,
그렇다면 다른 사람들도 다 위로받지 못하면서 살고 있겠구나, 하고
역지사지易地思之를 실천적으로 이해했다는 점일 것이다.
아, 산다는 것은 끝없이 헤매고 상처 주고 위로해 달라고
칭얼대다가, 그걸로 다시 상대방에게 상처를 주고 하는 것이구나.

누군가 이렇게 물을 것이다.

가즈오 이시구로 모습.

그는 1954년생이니까, 2017년에 찍은 이 사진은 그가 63세 되던 해다.

일본에서 태어난 그는 29세 되던 해 영국인이 되었다.

하나 꼭, 말하고 싶은 게 있다. 그는 영국 켄트대학교 출신이며, 석사는 이스트 앵글리아 대학에서 땄단다. 우리는 영국, 하면 옥스퍼드와 캠브리지 대학만 떠올리는데, 영국의 소수 민족인 그는 우리는 잘 알지도 못하는 대학 출신으로 노벨 문학상을 수상했다. 그러니 너무 대학 이름에 연연하지 말 일이다. 게다가 그는 문학을 전공했으니, 대한민국 부모 입장에서는 버린 자식이리라. 의대도 못 갔지, 이름 있는 대학도 못 갔으니.

하지만 세상을 바꾸는 사람은 이런 인물이지, 부모 시키는 대로 의대 졸업한 후, 개업한 의원 앞에 〈2030년 수능 00도 수석〉 따위 우스꽝스러운 광고 문안을 붙여 놓는 자는 아닐 것이다. 도대체 병 고치는 것과 수능 수석이 무슨 관련이 있단 말인가? 내가 가려는 병원 앞에 이런 문구가 붙어 있는 걸 보고, 의사의 열등감에 질려 발길을 돌렸다.

'그런 소설을 꼭 읽어야 돼요?'

절대 아니다. 오히려 누군가 이 책을 읽는다고 하면 말릴 것이다.

그렇다면 도대체 누가 명색이 노벨문학상 수상자인 가즈오

이시구로가 스스로 대견해 하는 작품을 읽을 것인가?

첫째, 한 자리에서 — 그 모습이 엎드린 것이건, 비스듬히 기댄

상태건, 졸린 상태건, 각성된 상태건 — 100쪽 정도의 책을 읽어낼

만큼 속독速讀할 수 있으며 약간의 인내력을 갖춘 분일 것. 그렇지

않다면 이 책의 지루할 만큼 이어지는 속없는 이야기 속에서

'어쨌든 사랑하는 사람들은 무슨 일이 일어나도 여전히 서로를

사랑할 거라고 생각하는 건 터무니없는 일입니다. 로자의 경우는

어떤 특정한 상황에서만 나를 사랑할 수 있습니다.'[25]라거나, '내가

이룩한 업적은 비록 보잘것없지만, 그래도 그게 출발점이었다는 것,

이 사회에 유익한 이바지가 되었다는 걸 알게 될 겁니다.'[26] 같은

문장에 밑줄을 긋는 일을 하기는 어려울 테니까.

둘째, 이야기 전개에 몰두하는 대신 글자의 힘, 그리고 그

글자들끼리 어울리며 만드는 문장의 분위기를 느껴보았거나,

'이번 기회에 그런 말도 안 되는 분위기가 있는지 확인해

보아야겠어.'라고 다짐했다면 잡아보시라고 권한다.

셋째, 요즘 특히 잠이 안 와.

그렇지 않다면—특히 '추리소설보다 재미있는 소설은 없지.' 하는 분은 절대 손에 잡지 마시라. 이 책에는 범인도 없고 사망자도 없으—아! 사망자는 한 사람 있다. - 있지만 전혀 개연성 없는 사망이니까.

《뉴턴의 시계》

에드워드 돌닉 지음 / 노태복 옮김 / 책과함께

학교 다니던 무렵 물리와 화학을 지긋지긋하게 싫어했다. 어느 정도로 싫어했느냐 하면 과학시험 시간은 단 5분 만에 끝을 냈다. 어차피 하나도 모를 뿐 아니라 읽기도 싫었기 때문에 모두 3, 4, 3, 4로 찍었다. 그래서 나는 지금도 화학기호식인지 무슨 의미인지 잘 모른다.

왜 같은 수소가 반응을 일으키는데 어느 경우에는 H_2가 되고 어느 경우에는 $2H$가 되는 건지 아무도 설명해 주지 않았다. 그래서 즉시 포기했다. 이해가 되어야 외우든지 말든지 할 것 아니냐 말이다. 물리는 이와 조금 다르지만 포기라는 결과는 같았다. 도무지 무슨 말인지 알 수가 없었다. 하기야 역사가 루퍼트 홀이라는 사람에 의하면 뉴턴의 만유인력 이론이 담긴 《프린키피아》라는 책을 처음 읽고 뉴턴의 메시지를 충분히 파악한 과학자는 아마도 여섯 명이었을 거라고 하니[27] 내가 특별히 부족한 것은 아닐 것이다.

게다가 다음 대목을 보면 내가
물리학을 포기한 이유를 여러분도
이해하시리라 믿는다.

1919년에 《뉴욕타임스》가 아인슈
타인과 상대성이론에 관한 이야기
를 실었을 때, 기사 제목은 이랬다.
"지혜로운 열두 명을 위한 책."
게다가 이런 부제가 붙어 있었다.
"이 세상에서 이 이론을 이해할 수
있는 사람은 더 이상 없다."
몇 년 후에 어느 기자가 천문학자
아서 에딩턴(Arhur Eddington)에게
묻기를, 이 세상에서 아인슈타인의
상대성이론을 이해하는 사람이 세
명뿐이냐고 했다. 에딩턴은 잠시
생각하더니 이렇게 대답했다.

아서 에딩턴의 말에 따르면,
상대성이론을 두 번째로 이해한
것이 자신이라고 하는데,
생김새를 보면 그만큼 똑똑해
보이는 건 사실이다. 그래서
그런지 상대성이론을 이해하는
일 외에도 세페이드 변광성
연구, 항성의 질량광도관계 도출,
백색왜성의 이상고밀도와 그
스펙트럼의 적색편이, 쌍성 문제
연구에서 많은 활약을 하였다고
백과사전에 나오는데, 무슨
말인지 도통 모르겠다.

"세 번째 사람이 누군지 한참 생각하고 있는 중입니다."[28]

그러니 내가 지구상에서 일곱 번째 가는 천재라고 해도 물리학을
이해할 수 없는 것은 당연한 것이다.

그래도 국어와 역사 같은 과목 덕분에 대학이라는 곳에 입학할
수 있었고, 그 대학은 감사하게도(감사로는 충분치 못하다. '이런
축복이라니!') 우리나라 최초의 개가식開架式 도서관*을 보유하고
있었다. 그 덕분에 나는 평생을 책과 함께 지내겠다고 다짐할 수
있었고, 그렇게 살고 있다.

여하튼 대학에 입학한 후 나는 거의 매일 도서관에 출입했다.
이른바 공부 잘하는 친구들이 가는 열람실이 아니라, 수십만 권의
책이 즐비하게 꽂혀 있는 종합자료실에서 사계절, 4년을 보냈다.
그리고 그곳에서 과거에는 전혀 맛볼 수 없었던 과학의 환희를
느낄 수 있었다.

'도대체 왜 이렇게 재미있는 과학을 나는 포기했던 것일까?'
'과학의 즐거움을 조금 일찍 알았더라면 세칭 훨씬 좋은 대학에
갔을 텐데.(그러면 폐가식閉架式 도서관을 보유한 그 대학 덕분에 나는

---

*   오늘을 사는 젊은이들은 '개가식 도서관'이라는 말 자체를 이해하기 어려울
    것이다. 국어사전을 찾아 보면, '개가식-도서관에서 열람자가 원하는 책을
    자유로이 찾아볼 수 있도록 하는 운영 제도.'라고 나온다. 그렇다면 "원하는
    책을 자유로이 찾아볼 수 없는 도서관도 있나요?" 하고 물을 게 뻔하다. 오늘날
    그렇지 않은 도서관은 찾기 어려우니까. 있다, 아니 있었다. '폐가식-서가를
    열람자에게 자유롭게 공개하지 않고 일정한 절차에 의하여 책을 빌려주는
    도서관 운영 제도.' 지금부터 불과 40여 년 전만 해도 책이 꽂혀 있는 서가에
    아무나 들어갈 수 없는 도서관이 부지기수였다. 지금처럼 누구나 수만 권에서
    수십만 권에 이르는 책을 자유로이 펼쳐 볼 수 있는 도서관이 일반화된 것은
    21세기에 들어와서라는 말이다. 그런데 이렇게 편리한 도서관이 대중화한
    시대에 오히려 책을 읽는 사람이 줄어들고 있다니 아이러니가 아닐 수 없다.

책과는 거리가 먼 삶을 살았을 것이고, 그럼 과학의 환희도 느끼지 못했을
터이니 다시 원점으로 환원이다)'

그 후로 나는 과학에 관한 무수히 많은 책을 읽었다. 그리고 그런
책을 읽으면서 느낀 점이 있다.
첫 번째는 '어쩌면 이렇게 과학과 관련한 내용을 재미있게 쓰지?'
하는 부러움이다. 과학을 다룬 책들을 쓴 저자들은 대부분 과학을
전공했거나 과학 분야에 종사하는 사람들일 텐데, 글들을 정말
잘 쓴다. 특히 서양 책들 가운데는 이게 과학자가 쓴 글이야? 할
정도로 재미있고 위트 넘치는 글들이 많다. 그러니 읽는 동안에는
과학책이 아니라 무협지로 느낄 정도다.*
그런 책이 여러 권 있는데, 이 책도 그런 책 가운데 하나다.
두 번째는 '과학 분야 역시 넓고도 넓군.' 하는 경이로움이다. 정말
과학 분야의 책을 읽다 보면 이렇게 끝이 없는 분야가 또 있을까
싶을 정도다. 그래서 나는 오늘도 과학책을 찾아 읽는다. 물론
전문교재는 안, 아니 못 읽는다.

'과학혁명과 근대의 탄생'이라는 부제가 붙은 《뉴턴의 시계》는

---

*   그렇다고 내가 무협지를 즐긴다는 말은 아니다. 솔직히 말하자면 나는
    무협지에서 단 한 줌의 환희도 느끼지 못했다. 그러나 우리나라에서 무협지,
    하면 쉽고 재미있는 책의 대명사로 쓰이는 듯해서 그렇게 표현했다.

정말 재미있다. 책을 쓴 에드워드 돌닉이라는 사람이 과학 전문 기자 출신이라서 글의 맵시를 부릴 줄도 알고, 독자의 수준에 맞춘 글쓰기를 할 수 있기 때문이리라. 그런 점을 감안한다고 해도 정말 재미있다. 아마 번역자의 글쓰기 능력도 한몫 했을 것이다. 그러나 이 책이 다루고 있는 뉴턴을 비롯한 여러 과학자가 활동한 과학의 여명기가 그만큼 다양한 색깔을 띤 시대이기 때문일지 모른다.

이 책을 읽으며 가장 먼저 무릎을 친 대목은 여기다.

> 종말이 가까웠다는 데에는 거의 모두 이견이 없었기에, 이제 관건은 어떻게 종말이 오느냐 하는 것이었다. 어떤 이들은 노아의 방주 때처럼 세상이 큰 홍수로 물에 잠길 것이라고 보았다. 또 어떤 이들은 불이 세상을 삼켜버릴 것이라고 주장했다. 두려움의 파도는 불길한 해인 1666년이 다가오자 더욱 높게 치솟았다. 왜냐하면 이 해는 사탄의 숫자라고 하는 '666'이 들어 있었기 때문이다.[29]

위 내용에 등장하는 사람들은 무지한 중세의 백성들이 아니다. 우리가 존경해 마지않는 뉴턴부터 보일의 법칙의 주인공인 로버트 보일을 비롯해 모든 과학자들 이야기다. 그러니까 사과가 떨어지는 모습에서 만유인력을 발견할 만큼 뛰어났던 뉴턴이 진심으로 심혈을 기울인 연구 과제는 만유인력 다음에 올 상대성이론이 아니라 바로 종말이 언제 올 것인가 하는 점이었던 셈이다. 그래서 그는 다양한 번역본과 언어로 된 성경을 서른 권이나 갖고 있었는데, 끊임없이 각 판본을 서로 비교하면서 정독했다……. 그는 중력 이론에 바친 시간보다 훨씬 많은 시간을 바쳐 솔로몬의 성전에 숨겨진 메시지라든가 묵시록의 예언들을 후대의 전쟁과 혁명에 맞추어보려고 시도했다.[30]

이쯤 되면 이 책이 주는 즐거움을 다양하게 전한 듯하다. 책은 우리가 근대 과학이 출발하는 시기와 과학자들에 대해 갖고 있던 신화의 속살을 보여주기도 하면서, 또 다른 한편에서는 그 무지의 시대에 어떻게 과학의 시조始祖들이 말 그대로 과학의 본질로 다가갔는지를 보여주고 있다.
그러면서도 글의 맵시에서 탁월한 멋을 뽐내고 있으니 어찌 재미있지 않으리오. 솔직히 고백하자면 나는 이 책을 읽는 내내 텔레비전 앞에서 심각한 아내 곁에서 킥킥거리느라고 바빴다. 뉴턴과 라이프니츠는 누가 미적분의 발견을 먼저 했는지를 놓고 평생을 다툰 것으로 유명하다. 그 대목을 이 책에서 다음과 같이 상세히 살피고 있다.

기나긴 우여곡절 끝에 이 싸움은 결국 교착상태로 끝났다. 수학사가들이 두 사람의 사적인 글들을 파헤쳐 얻은 명백한 증거에 따르면, 뉴턴과 라이프니츠는 미적분을 독립적으로 발견했다. 미적분은 각자가 독자적으로 연구해서 얻은 결과였다. 뉴턴이 1666년에 먼저 알아냈지만, 수십 년이 지난 1704년에야 발표했다. 라이프니츠의 발견은 뉴턴보다 9년 뒤였지만, 발표는 1684년에 먼저 했다. 그리고 유용한 표기법을 고안하는 데 재능이 있었던 라이프니츠는 자신이 발견한 내용을 다른 수학자들이 쉽게 이해하고 발전시킬 수 있는 방식으로 표현했다.

......

두 사람 간의 전투는 꽤 오랫동안 소강상태를 보이더니 다시 활활 타오르고야 말았다. 약 10년 동안 서로를 비방해오다가 1711년에 라이프니츠는 결정적인 전략상의 실수를 저질렀다. 둘 다 회원으로 있던 왕립학회에 편지를 보내, 자신이 받아왔던 모욕에 대해 불평을 한 다음 학회가 나서서 미적분의 우선권 논쟁에 종지부를 찍어달라고 요청했던 것이다. "학회의 정의감에 나 자신을 맡기겠습니다."라고 그는 썼다.

그는 다른 목표물을 골라야만 했다. 왕립학회의 회장인 뉴턴은 조사위원회를 "여러 나라 출신으로 구성된 다수의 유능한 심사위원들"로 꾸렸다고 밝혔다. 하지만 사실 이 위원회는 뉴턴을 위한 거수기에 지나지 않았다. 그는 이 조사를 단독으로 실시한 다음 이 결과를 위원회의 이름으로 발표했다. 그러니 보고서가 뉴턴한테 결정적으로 유리했음은 두말할 나위가 없었다. 왕립학회의 공식 허가가 나자, 장문의 이 고약한 보고서는 온 유럽의 학식 있는 사람들에게 배포되었다. 뉴턴은 위원회를 대표해 이렇게 선언했다.

"우리는 누가 이런저런 방법을 발명했는가가 아니라 누가 최초의 발명자인가를 판가름하고자 한다."

…….

뒤이어 왕립학회의 과학 저널인 《필로소피컬 트랜잭션스》는 위원회의 보고서를 검토하는 긴 기사를 게재해 라이프니츠를 고발하는 내용을 다시 되풀이했다. 이 기사에는 서명이 달려 있지 않았지만, 뉴턴이 저자였다. 잡지의 지면마다 "라이프니츠 씨"가 "뉴턴 씨"의 업적을 갈취한 온갖 방식들이 소상하게 적혀 있었다. 당연히 라이프니츠 씨는 자신의 입장을 해명하고 싶었지만, 기사는 다음과 같이 못 박았다.

"라이프니츠 씨는 자신이 연루된 사건의 증인이 될 수 없다."

마침내 위원회 보고서는 뉴턴이 쓴 익명의 비평문이 실린 새로운 판본으로 재출간되었다. 이 책에는 "독자에게 드리는 글"이라는 익명의 서문도 담겼다. 이 또한 뉴턴이 썼다.

생의 막바지에 뉴턴은 지난 시절 자신의 오랜 다툼에 관해 한 친구에게 터놓았다. 뉴턴은 의기양양하게 말했다.

"그 사람은 라이프니츠를 정말로 가슴 아프게 했다네."

과학책이 이렇게 재미있었다니!

여러분 눈에는 누가 더 점잖아보이시는가. 왼쪽 뉴턴은 정말 사악해 보이는 반면, 라이프니츠는 멋져 보이는 건 내 기분 탓일까?

《댈러웨이 부인》

버지니아 울프 / 최애리 옮김 / 열린책들

책 읽는 일에 뭐 대단한 의미를 부여하지 말 일이다.

어려서는 어려운 책을 읽다가 그 안에 담긴 아주 사소한 의미라도 찾아내면 의기양양해지곤 했다. 그러면서 이런 생각도 한다. '이런 책을 안 읽는 자들은 반밖에 살지 못하는 거야. 하하!'

그런데 나이가 들어가면서 생각이 변했다.

'책? 그거 재미로 읽는 것일 뿐.'

맞다. 책은 아이나 어른이나 재미로 읽을 뿐이다.

물론 책에서 뭔가 얻겠다는 뜻도 틀린 것은 아니다. 인류 문명의 이런 면 저런 면을 들추어보고 그 놀라운 비약의 순간을 내 것으로 만드는 일이야말로 환희가 아니고 무엇이겠는가.

그런데 책 또한 다양한 면을 품고 있으니 그런 책이 있는가 하면, 이런 기쁨을 주는 책도 있다.

죽음이여, 내 너에게 뛰어들리라

패배하지 않고 굴복하지 않고서!

죽음에 패하지 않고 무릎 꿇지 않고 뛰어들 만큼의 용기를
안겨주는 것이 있다면 그것이 얼마가 되었건 갖고 싶지 않겠는가.
그런데 그 값이 고작 9,800원(2019년도 기준이다)이라면? 이야말로
놓치면 안 될 것 아닌가 말이다. 물론 텔레비전만 켜면 지금
당장 주문하지 않으면 필생의 후회가 된다는 상품이 넘쳐나는
세상이기는 하지만(그래서 나는 늘 궁금하다. '왜 저리도 귀하고 가치
있으며 값까지 싼 제품을 남에게 팔려고 하는 것일까? 그냥 창고에 가지고
있으면 후에 엄청난 부자가 될 텐데…….') 그래도 이 제품만은 가져야 할
듯하다.

《댈러웨이 부인》은 생김새부터 영국 빅토리아 시대* 이지적 여성의
전형처럼 생겼을 뿐 아니라 집안 배경까지 그 시대적 휘광輝光으로
빛나던 버지니아 울프의 작품이다.
버지니아 울프는 우리에게는 《자기만의 방》이라는 산문집으로
유명한데, 사실 그의 소설은 그의 뜻과는 달리 꽤나 어렵다. 왜 그의

---

*   영국의 빅토리아 여왕이 통치하던 1837년부터 1901년까지의 기간.
     산업혁명의 경제 발전이 성숙기에 도달하여 대영제국의 절정기로 간주된다.

버지니아 울프와 그의 남편 레너드 울프가 살던 집 몽크하우스 정원에 서 있는 두
사람의 흉상이다. 버지니아 울프와 남편은 단순한 부부 이상의 관계로, 두 사람은 주변
많은 지성인들과 함께하는 블룸즈베리 그룹을 결성하여 문학과 예술을 함께 나누었고,
호가스 출판사를 설립하여 자신의 책 대부분을 출간하였다. 레너드 울프는 그 외에
정치이론가, 시민운동가로 활동하는 동시에 노동당원으로도 활동하였다.

뜻과는 다르다고 하느냐고?

독자는 책의 방법 혹은 방법의 결여에 대해 전혀 생각하지 않는 것이
바람직합니다. 그는 단지 책이 자기 마음에 남기는 전체적인 효과에
만 관심을 가지면 됩니다. 그 가장 중요한 문제에 있어 그는 작가보다
훨씬 더 나은 재판관이지요. 실로, 자기 자신의 의견을 정리할 시간과
자유만 주어진다면 결국에는 그가 틀림없는 재판관이 될 것입니다.[31]

Tuesday.

Dearest,

I feel certain that I am going mad again: I feel we can't go through another of those terrible times. And I shan't recover this time. I begin to hear voices, & can't concentrate. So I am doing what seems the best thing to do. You have given me the greatest possible happiness. You have been in every way all that anyone could be. I don't think two people could have been happier till this terrible disease came. I can't fight it any longer, I know that I am spoiling your life, that without me you could work. And you will I know. You see I can't even write this properly. I can't read. What I want to say is that I owe all the happiness of my life to you. You have been entirely patient with me & incredibly good. I want to say that—everybody knows it. If anybody could

버지니아 울프는 1941년 3월, 59세 나이에 오랫동안 자신을 괴롭혀온 정신질환으로부터 벗어나기 위해 자살로 생을 마감하는데, 그때 작성한 유서를 남편 레너드 울프에게 남겼다. 위 편지가 그것인데, 내용은 남편에 대한 지극한 사랑과 감사, 그리고 더 이상 견딜 수 없는 아픔을 토로하는 것이다. 내용이 무엇이 되었건 나는 이런 편지 받고 싶지 않다.

버지니아 울프가 《댈러웨이 부인》의 미국판 서문에 썼다는 위 글을 보면, 그는 자신의 작품이 누구의 도움도 없이, 심지어 작가의 도움 없이도 독자들이 충분히 이해할 것이라고 여긴 듯하다. 그러나 과연 그럴까?

아무리 잘난 체를 하고 싶어도 나는 이 책을 절반쯤 읽어 내려갈 때까지 도무지 작품의 의도를 파악할 수 없었다. 물론 표현하기 어려운 재미는 주었지만. 만일 그 재미마저 주지 않았다면 도중에 읽기를 그만두었을지 모른다.

그런데 중간쯤 읽고 나자 이 책이 주는 즐거움이 본격적으로 와 닿기 시작했다. 하아! 이래서 버지니아 울프로구나, 하는 감탄사가 절로 나왔다.

물론 그 즐거움이라는 것이 웹소설을 읽을 때의 줄거리 읽기는 아니다. 그럼 어떤 즐거움이냐고? 이런 즐거움이다.

> 우리는 늙어 갈 거야. 중요한 단 한 가지, 그녀의 삶에서는 그 한 가지가 쓸데없는 일들에 둘러싸여 가려지고 흐려져서, 날마다 조금씩 부패와 거짓과 잡담 속에 녹아 사라져 갔다. 바로 그것을 그는 지킨 것이었다. 죽음은 도전이었다. 죽음은 도달하려는 시도였다.[32]

아, 그랬구나. '오로지 죽음만이 우리를 기다리고 있는 궁극의 존재인데, 우리는 부패하고 거짓되며 잡스러운 삶에 둘러싸인 채 그 죽음을 잊고 살고 있구나.' 깨닫는 즐거움. 그리하여 운이 좋으면 조금이라도 나은 삶을 살아갈 수 있지 않을까 꿈꾸는 즐거움.
그런데 이 정도에서 머물면 버지니아 울프는 천재에 불과할지 모른다.

그런데 두려움이라는 것도 있다. 부모가 손에 쥐어 준 이 인생이라는 것을 끝까지 살아야 한다는 것, 평온하게 지니고 가야 한다는 것에 덮쳐 오는 무력감. 그녀의 마음속 깊은 곳에도 끔찍한 두려움이 자리 잡고 있었다. [33]

앞의 인용문 뒤에 나오는 이 구절은 버지니아 울프가 천재이면서도 삶을 고단하게 살아가는 바로 나일 수 있음을 보여준다. 그래서 재미있는 것이다.
사실 나와는 전혀 다른 세계를 상상하고 설계하는 천재들의 이야기는 현실감을 안기지 못한다. 그러니 진짜 천재는 우리를 자신의 세계로 이끌고 가야 한다. 그런 면에서 버지니아 울프는 진짜 천재다.
그런데 이런 글을 쓴 그가 왜 결국 자살을 하고 말았을까?

궁금하시면 이 책을 펼칠 일이다.

아! 맨 앞에 인용한 문구 '죽음이여, 내 너에게 뛰어들리라 –
패배하지 않고 굴복하지 않고서!'는 그녀의 묘비명이라고 한다.

《제국과 의로운 민족》
오드 아르네 베스타 / 옥창준 옮김 / 너머북스

책을 읽다 보면 의외의 충격을 받을 때가 있다.
첫 페이지를 열기 전부터 큰 기대를 한 책이 놀랄 만큼 답답함을
안기기도 하고, 별 기대를 걸지 않은 책이 깜짝 놀랄 기쁨을
전하기도 하니 말이다.

제목도 이상야릇하고(《제국과 의로운 민족》이라니, 처음에는 '제국과
외로운 민족'인 줄 알았다), 값은 또 왜 이리 비싼지(227쪽인데
2만 원이다). 게다가 〈한중 관계 600년사-하버드대 라이샤워
강연〉이라고 해서, 조금은 유식하고 또 얼마간은 무지한 사람들을
상대로 쉽고 재미있게 강연한 내용을 대화체로 엮은 책이라고
판단했는데, 완전히 어긋났다. 누가 이걸 강연집이라고 여기겠는가.
학술논문이라고 해도 이의를 제기하기 어려울 정도인데.

그럼에도 손에 들어왔으니 몇 쪽이라도 읽어야 하지 않겠는가.
그런데 고작 몇 페이지 넘기기 전에 정말 놀라운 문장이 나왔다.

> 오늘날 남북한을 합친 한반도의 면적은 2만 2,000제곱킬로미터 정도
> 로 그 면적은 영국과 비슷하고,…….[34]

영국 면적이 24만제곱킬로미터가 넘으니 거기에 비교한 것은
고맙기는 하다. 그러나 한반도 면적이 22만제곱킬로미터가 넘는데,
안 그래도 썩 넓지 않은 나라를 졸지에 1/10로 축소하고 만 것이다.
누구 잘못인가? 저자? 그럴 수도 있겠지만 그는 영국 면적과
비교할 정도니 정확히 쓰지 않았을까? 역자가 잘못했을까? 충분히
그럴 수 있다. 숫자 0을 하나 빼먹을 수도 있을 테니. 게다가
오늘날 한반도에 사는 사람이라면 제곱킬로미터보다는 '평'과
'제곱미터'에 익숙할 테니. 왜? 한반도에 거주하는 한민족의
1순위 관심사는 아파트 크기 아니던가? 정치인? 그딴 이들조차
한중관계보다는 아파트 평수에 더 관심을 주고, 시민들이야 말해
무엇하랴. 그러니 제곱킬로미터라는 단위는 우리에게 낯설고 낯선
것이다.
편집자 역시 이런 잘못을 넘기다니! 아, 편집자도 한반도에서
살아가는 분일 테니 이해할 수 있다.
결국 이 모든 잘못은 내 탓이다. 나이가 먹으면서도 우리 조상들이

일궈온 '의로운' 나라를 내팽개치고, 아파트 평수로 모든 것을
평가하는 나라를 방치한 내게 있다.

그래서 아예 책을 검수하겠다고 다짐하고 연필을 들었다.
'내 이 책의 모든 잘못을 지적해 내리라. 이야말로 '의로운'
지성인의 책무이니까.'

그런데 교정을 보려고 잡은 연필은 결국 놀라운 대목의 줄을
치느라 사용했고, 마지막까지 교정용으로는 한 대목도 쓸 수
없었다.
물론 가끔 쉼표 같은 것을 첨가했으면 하는 대목이 있기는 했지만,
번역과 편집에서 탁월한 책이었음을 고백하지 않을 수 없다.
그러나 더욱 고백할 내용은 따로 있다.
조선 출범과 21세기 오늘에 이르는 우리 역사에 대해 내가 알고
있던 것들이 얼마나 주관적인 시각에 머물러 있었는가에 대한
반성이었다.
그리고 글은 강연과는 다른 학술적인 방식으로 쓰였지만, 내용은
대중을 위한 강연으로도 훌륭한, 설득력 있고 용이한 방식으로
읽힌다는 점이 사로잡았다.
오죽하면 세 시간 만에 다 읽었겠는가.

나는 어떤 독후감에서도 내용을 요약하지 않는다.

내 독후감은 내가 책을 읽은 후의 느낌일 뿐이니, 내가 읽은 책을 왜 내용을 요약하겠는가. 다 읽은 것을.

반면에 읽다가 내 굳은 머리를 내려치는 대목은 한 번 복기한다.

그래야 잊지 않을 테니까.

> 민족주의자들은 그들이 정의한 민족적인 것과 정치적인 것을 결합하여 하나의 실체로 만들어내기를 원한다. 이를 통해 민족주의자들은 이데올로기적 패권과 권력, 그리고 영향력을 획득한다. 민족주의와 같은 이데올로기는 특정한 사회·경제적 조건에서 성행하며, 민족은 주로 지식인 계층이 주도하는 극적인 상상의 결과물이다. ~~동유럽의 지인들은 성공적인 민족주의 운동 뒤에는 항상 반쯤 정신 나간 역사학자가 있다고 나에게 말해준 바 있다.~~[35]

중간에 줄을 그은 부분은 안 넣어도 되는데, 왜 이러한 대목이 나왔는지 아는 데 도움이 될 듯해서 함께 인용한 부분이다. 그래서 나무위키가 하는 대로 읽거나 말거나로 그었다.

이 문장을 비롯해 앞뒤 글을 읽으면서 내가 함부로 써온 '한민족'이라는 단어가 얼마나 많은 함의含意를 담고 있는지 깨달았다. 그래서 공부가 부족한 사람들이 글을 쓰고 말을 하는 데 훨씬 용감한 것이다. 앞으로 나도 용감보다는 비겁을 배워야 할 듯하다.

> 주희는 고전 유교의 우주론적 구조를 무시하지 않으면서 오늘날까지 중국, 한국, 일본에 영향을 미친 지식·윤리·통치의 형태를 만들어냈다.
> 주희에 따르면 존재의 최고 원리는 태극이며, 인간 세계는 모든 공동체가 생기기 전부터 존재한 태극에 기원을 둔다. 태극의 원리는 직접 무언가를 하지 않는다는 점에서 적극적이지 않고, 신神 개념과 다르다. 그러나 모든 인간 안에는 이 원리인 리理를 인식할 수 있는 능력인 성性이 내재하여 있다.[36]

어, 이렇게 간단한 주자성리학을 왜 이제껏 나는 구름처럼 잡고 있었지? 이 책이 역사서 맞아?
하기야 나는 풍수니 귀신이니, 사농공상의 신분제니, 도道니, 사주관상이니 하는 따위 미신으로 치부하거나 전근대적 불합리의 산물이라고 여긴 것들도, 수천 년 동안 수많은 사람과 조직 내에서 이어온 데에는 분명 근거가 있을 거라고 믿어왔다. 그래서 이런 요소들을 쉽게 미신이니 비과학이니 하고 치부하는 사람들을 의심한다.

그런데도 주자성리학이 한중일 삼국의 근대화 과정에서
폐기처분되었을지라도 오늘날 그곳에 살아가는 사람들 내면에
면면히 이어오고 있음을 이 책을 통해 확인하게 되었다.
맞다. 무엇이 주자성리학의 유산이냐고 정확히 지적하기는
어렵겠지만 분명 그러한 요소가 있을, 아니 있다. '성리학은
조선이라는 국가에 목적과 의미를 부여했다.' 맞다. 그랬다. 그리고
성리학 때문에 조선이 망했다면 양명학을 도입했으면 안 망했을까?
천주학을 1780년대에 들여와 모두 "주여, 믿나이다." 하고 방언을
외치며 울부짖었으면 안 망했을까? 터무니없는 것임을 이 책이
증언한다.

> 조선 국왕은 명나라와의 관계를 '큰 나라를 섬긴다'라는 의미에서 '사
> 대事大'라 부르기 시작했는데, 이는 조선이 명 조정의 호의가 필요했
> 기 때문이기도 하지만 조선 지도자들이 한반도에서 하는 일을 사대
> 의 논리를 통해 정당화하기 위해서였다.
> ….
> 즉 '사대'는 명과 다른 외적의 한반도를 향한 간섭을 막는 방식이었
> 다. 하지만 동시에 사대는 조선 정권이 천하에서 가장 강력한 국가인
> 중국과 친밀한, 독특한 이웃 국가임을 표현하는 방식이기도 했다. 그
> 리고 명나라 초기 안팎의 여러 도전으로 명 황제는 사대를 주장하는
> 조선의 찬사를 받아들였으며, 조선의 국내 정치에 효과적으로 개입하

지 못했다.[37]

내가 '사대事大'에 대해 이러한 관점을 몰랐더라도 죄가 없다.
나는 사학 전공자가 아니기 때문이다. 그러나 분명 '사대事大'라는
시각에도 뭔가 단순치 않은 것이 있으리라고 평소에 의문을 품었던
나에게 이 대목은 참신했다.
그랬을 것이다. "저희가 무릎을 꿇을 테니 살려주십시오."
이런 외교관계가 어디 있단 말인가? 그런데 사대를 그렇게 단순히
바라본 시각이 얼마나 많았던가.

그런데 나의 흥미를 유난히 끈 대목은 이것이다.

> 16세기 말 북경의 한 학자는 "조선 사람들은 책을 정말 좋아한다. 그
> 들 사절단은 50명 정도로 제한되지만, 이른 아침부터 그들은 책 시장
> 을 방문하여, 제목을 베끼고, 만나는 사람들에게 책에 관해 묻는다. 그
> 들은 그들에게 없는 책을 얻기 위해 고전이든 신간이든, 인기 소설이
> 든 가리지 않고 돈을 쓴다."[38]

그랬다. 우리 조상들은 비록 편중된 독서였을지라도 이렇게
열심히 책을 읽었다. 그리고 그 영향력은 20세기까지 우리 민족을
지탱하는 힘이었다. 나라를 빼앗겼을 때도, 가난에 시달릴 때도,

전쟁의 와중에도 우리는 책을 읽고 또 읽었다. 공부하는 이를
존중하고, 나 역시 기회가 닿으면 공부하고자 했다. 무슨 짓을 하건
돈을 많이 번 부모는 자식만은 공부하는 이로 키우고자 했다.
그러나 21세기에 접어들면서 우리는 얼굴뿐 아니라 정체성까지
성형했다. 부모가 돈을 많이 번 방식으로 자식도 돈 벌기를 바랐다.
그래서 모든 돈 버는 부모의 자식은 부모의 분야를 따르도록 했다.
그것이 의사건, 변호사건, 정치건, 탤런트건, 도박이건, 사기건
말이다.
어, 이런 내용은 이 책과는 무관한데…….

우리 민족(아, 이 단어는 조심해서 써야 한다), 우리 시민들이 세계적인
경제 강국이 될 수 있었던 것이 위대한 박정희 대통령 각하의
영도력 탓인지, 면면히 이어온 공부하는 전통이 새로운 산업계의
발흥에 동력이 되었는지 나는 모른다.
그러나 책 읽는 전통이 손해야 되었겠는가.

그런데 오늘날 우리 사회는 책 읽는 자를 소외시킨다. 이 책 후반에
나오듯 지금부터가 진짜 우리 시민들의 판단과 행동이 중요한
시점인데, 어떤 자양분을 소화해 판단하고 행동할지 모르겠다. 다만
맹목적인 반중혐오 선동이나 사드 첩첩배치, 핵무기 개발, 선제
타격의 행동이 아님은 분명해 보인다.

아, 이런 판단도 무식한 용감의 산물이다. 비겁해지자.

마지막 책장을 넘기며 2만 원이 아깝지 않았고, 오히려 싼 값이 아닐까 하는 감사를 출판사에 보낸다. 1인당 GDP가 3만 불을 넘어서가 아니라 이런 책을 출간하는 출판사를 가졌기에 우리 사회는 선진국을 향해 갈 자격이 있는 것이리라.

《염소의 축제 1, 2》
마리오 바르가스 요사 / 송병선 옮김 / 문학동네

'그 후 문귀동은 권양을 일으켜 세워 바지를 완전히 발가벗기고 윗도리 브래지어를 밀어올려 젖가슴을 알몸으로 드러나게 해놓은 상태에서 뒷수갑을 찬 채로 앞에 놓인 책상 위에 엎드리게 한 후 자신도 아랫도리를 벗고 권양의 뒤쪽에 붙어서서 자신의 성기를 권양의 국부에 갖다 대었다 떼었다 하기를 몇 차례에 걸쳐 반복하였다. ……..

잠시 후 문귀동은 권양을 의자 밑으로 난폭하게 끌어내려 바닥에 무릎을 꿇게 하고 앉힌 후 자신은 의자에 앉아 권양이 자신의 성기를 정면으로 보도록 하는 자세로 조사를 계속하였다.

그러던 중 문귀동은 권양의 얼굴을 잡아당겨 입이 자신의 성기에 닿도록 하면서 자신의 성기를 권양의 입에 넣으려 하다가 권양이 놀라서 고개를 돌리니까 난폭하게 권양의 몸을 일으켜세운 후 강제로 몇 차례 키스를 시도하였다. 권양이 입을 벌리지 않고 고개를 돌리니까 문귀동은 입을 권양의 왼쪽 젖가슴 쪽으로 가져가더니 유두를 세차

게 빨기를 두어 차례에 걸쳐 하였다.

그 후 문귀동은 다시 권양을 책상 위에 먼젓번과 같은 자세로 엎드러지게 해놓고 뒤쪽에서 자신의 성기를 권양의 국부에 몇 차례 갔다 대었다 떼었다 하는 짐승과 같은 동작을 반복하던 끝에 크리넥스 휴지를 꺼내는 소리가 들리더니 그것으로 권양의 국부를 닦아내고 옷을 입혔다.'

– 1986년 7월 6일 작성한 권인숙 성고문사건 고발장 가운데 일부. 고발인 고영구 외 8인, 피고발인 문귀동 외 3인[39]

20세기 후반에 대한민국 땅, 그것도 경찰서 내의 방에서 있었던 일이다. 후에, 그러니까 온 시민들이 일어나 이른바 6.10 항쟁을 벌인 후, 이 일로 문귀동은 징역 5년을 선고받았다.

그러나 대한민국에서는 그 전에도 '흥미진진'한 일들이 연이어 벌어졌다. 1980년 9월 1일, 전두환이 '자랑스러운' 대한민국의 제11대 대통령에 취임하였는데, 그는 이듬해 3월 3일에 다시 제12대 대통령에 취임하였다. 그러니까 매년 한 번씩 대통령 취임식을 거행한 '대단한' 인물이다.

그러나 이런 취임식은 요식행위에 불과할 뿐 그는 사실 1979년 12월 12일, 대한민국 대통령에 취임한 것과 진배없었다. 취임식 대신 샴페인 파티를 연 것이 차이라면 차이일 뿐.

그러나 이 또한 1979년
10월 26일 벌어진 이른바
'10.26 사태' 때 이미 잉태된
것이다. 18년 장기집권(그때
장기집권자인 박정희 나이가
우리 나이로 63세였으니, 적어도
10년 이상은 더 지속되었을

1979년 12월 12일, 군사반란(이 명칭은
정부에서 편찬한《한국민족문화대백과사전》에
등재된 것이다)을 성공한 후 샴페인을
터뜨리는 전두환의 모습.

것이다. 아니 그 전에 나라를
세우신 '아버지'인 이승만이
권좌에서 물러난 것 – 그것도
타의에 의해서 – 이 86세였으니 20년 이상 지속되었을지도 모른다) 중이던
박정희가 그의 최측근인 김재규 손에 세상을 하직한 것이 바로
10.26 사태다.

그런데 10.26 사태의 주도자인 김재규는 나라의 만악萬惡인
박정희를 제거하는 데 온 힘을 기울인 까닭에, 거사 후에 어떻게
조치를 취해 나라를 안정적으로 이끌고 갈 것인지에 대해서는
준비가 소홀했다. 그는 거사 후 우왕좌왕했고, 결국 그의 뜻에
따른 젊은이들만 안타까운 죽음으로 내몰렸다. 김재규야 영웅이
되었지만 죽어간 이들은 무엇이란 말인가.

그래서 독재자 제거보다 더 중요한 것이 제거 후에 뒤처리를
어떻게 할 것인지 치밀한 계획을 세우는 것이다. 그 과정에서

발생할지도 모르는 유약하고 우왕좌왕하는 자가 있다면 어떻게 할 것인지 대안까지 마련해야 하고.

이 소설《염소의 축제 1, 2》가 그 전에 나왔다면 대한민국 현대사는 다른 방향으로 전개되었을 것이다. 물론 김재규가 독서를 취미로 했다는 전제 아래.
안타깝게도 이 소설은 2000년에 출간되었다.
한 번 잡으면 쉽게 덮을 수 없는 이 소설에는 독재자와 독재자 곁에서 온갖 아부를 늘어놓으며 호의호식하는 군상群像, 호의호식하다가 날카로운 독재자의 판단에 따라 하루아침에 나락으로 떨어진 인간들, 피도 눈물도 없는 정보요원들과 그들의 상상력 넘치는 고문 방식, 그 과정에서 누군가는 정의의 대의 때문에, 또 누군가는 개인적 복수심 때문에 반드시 이 독재자를 제거하고 말겠다고 다짐하는 영웅들이 등장한다.
그리고 그의 제거와 그 후에 벌어진 우왕좌왕 등 대한민국에서 1979년부터 그 후 약 10년에 걸쳐 벌어진 사건과 '어쩌면 이리 흡사한 거야?' 하고 놀랄 만한 상황이 전개된다.
아, 한 가지만 빼고.
대한민국에서는 독재자 밑에서 허수아비 국무총리 하던 사람이 있었는데, 그는 그 독재자가 사라진 후 허수아비 대통령 권한대행을 하다가 잠시 허수아비 대통령을 지냈다(1979년 12월 6일부터 1980년

8월 16일까지 대통령이었으나, 그를 대통령으로 기억하는 사람은 "우리나라 역대 대통령 숫자는?" 따위 퀴즈 프로그램을 진행하는 이들뿐이다). 그러나 소설에 등장하는 허수아비 대통령은 독재자가 제거된 후 갑자기 냉철한 판단력을 발휘하여 실질적인 대통령 노릇을 하며 혼란기를 이끈다.

마리오 바르가스 요사는 이 소설로 2010년 노벨문학상을 수상했는데, 그에 대해서는 의견이 분분하다. 좌파였다가 우파로 전향했다느니, 여성에 대한 시각이 수준 이하라느니 하는 말들이 있는데, 어떤 인간이 완벽할 수 있겠는가.
우리는 누군가 공적인 인간이 자신의 물적·성적性的·권력적 욕구 충족을 위해 한 일이 아니라면, 그가 이룬 성과만을 채택하면 될 것이다. 그러니까 돈 욕심 때문에, 성적 욕심 때문에, 권력 욕심 때문에 그른 일을 선택한 것이 아니라, 그저 자신의 뜻이 변했거나 나이가 들어감에 따라 나타나는 치매 증상 때문에 이상한 짓을 했다면 이해하자는 것이다. 그렇다고 친일파를 이해하자는 말은 아니다. 정치한답시고 범죄 저지른 제 자식 버젓이 감싸고, 재벌 편들면서 되지도 않는 기사 써대는 기자놈들도 이해하자는 말이 아니다. 이들은 실제로 친일 행동과 정치인, 기자 노릇 하면서 이익을 보았을 테니까. 휴, 앞서 말한 것으로 충분하다고 여기지만, 혹시라도 내 주장이 잘못 오해될까 두려워 말을 덧붙인다.

소설 줄거리는 말하지 않겠다. 독재자, 독재자에 빌붙어 살다가
나락으로 떨어진 인물의 딸, 독재자를 제거하기 위한 영웅들의 세
입장에서 전개되는 소설은, 추리적 기법까지 덧붙여 눈을 뗄 수가
없다. 700쪽 정도(사실 쪽수가 별 의미가 없다. 어떤 책은 한쪽에 1천 자
이상을 넣기도 하지만 어떤 책은 한쪽에 800자 정도만 넣기도 하니까)의 이
책을 이토록 빠른 시간 내에 읽어낼 수 있었던 것은 바로 그런 이유
때문이다. 읽는 데 하루 걸렸다.
그리고 번역도 일품이다.

그런데 왜 글 첫머리에 난데없이 권인숙 성고문 사건 이야기를
인용했느냐고?
그야……. 책을 읽다 보면 알게 되는데, 사실 책을 읽다 '아, 그래서
이 더러운 고문 이야기를 꺼냈구나.' 하고 고개를 끄덕이는 분은
틀린 것이다. 왜 이 글을 넣었는지는 마지막 책장을 덮으면서
정확히 파악하실 테니까.

하나 더!
소설 주인공이 누구인지에 대해서는 저자도 자신 있게 말하기 힘들
것이다. 그만큼 소설에는 여러 인물이 등장하는데, 독자들에게
심리적인 주인공은 우라니아라는 여성이다.

우라니아 모습. 이 책에 등장하기에는 지나치게 아름답다.
루이 토크(1696-1772) 작.

'그리스 신화에 의하면, 우라니아는 아홉 무사의 하나로 천문의 여신이며 하늘과 빛의 딸이다. 왼손에는 지구, 오른손에는 못을 들고 발밑에는 침묵의 상징인 거북을 두고 있으며, 별로 수놓인 외투를 입고 하늘을 바라보고 있는 모습으로 그려진다. 아홉 무사는 제우스와 기억의 여신 므네모시네 사이에서 태어난 딸들이다. 바르가스 요사의 〈염소의 축제〉도 우라니아의 기억으로 구성된다. 우라니아 카브랄은 기억을 통해 공포와 부정과 부패와 비극으로 점철된 독재 시기를 재창조한다.'[40]

이것이 옮긴이 해설에 나오는 내용이다.

글쎄, 왜 주인공 이름을 우라니아로 했을까? 생각을 했지만 답은 잘 모르겠다. 그러나 우라니아의 기억을 동원하기 위해 우라니아라는 이름을 사용한 것 같지는 않다.

그리스 신화에 밝지 않은 나는 그럼에도 궁금했다. 왜 이 이름을 사용했을까? 그리고 말도 안 되는 결론에 도달했다. 다음과 같은 우라니아에 대한 설명을 보고 나서.

'우라니아는 하늘의 신 우라노스로부터 어머니 없이 태어난 아프로디테의 별칭으로 사용되기도 한다(소설 속에서 우라니아는 어머니 없이 자라면서 아버지로부터 한 있(?)는 사랑을 받으니까).'

그러나 이 설명보다 더 나를 사로잡은 것은 이것이다.

> '우라니아는 티탄족인 바다의 신 오케아노스와 테티스가 근친 결혼하
> 여 낳은 딸의 이름이기도 하다.'

왜 이 대목이 나를 사로잡았는지도 책을 읽은 이들은 알 것이다.
오케아노스를 트루히요, 테티스를 카브랄로 상치相值시킬 수
있다면.

《우리가 고아였을 때》
가즈오 이시구로 / 김남주 옮김 / 민음사

난 문학을 전공하지도 않았고, 더구나 소설에 대한 강의는 한 번도 들어본 적이 없다. 그러니 내가 소설에 대해 왈가왈부하는 것 자체가 어불성설일지 모른다.

그러나 소설을 읽는 데 자격증이 필요한 것은 아니니 소설에 대해 개인적 의견을 내놓는 것까지 잘못은 아니리라.

많지 않은 소설을 읽었지만 그래도 한 마디 한다면, 소설에는 크게 세 종류가 있는 듯하다.

첫 번째는 사실을 보다 깊이 있게 묘사하는 것.

이를 공식으로 나타내면 사실+평가 정도가 되지 않을까. 물론 평가에는 허구가 포함될 것이다.

대부분 역사소설이 여기에 해당할 것이다.

두 번째는 인간을 깊이 있게 묘사하는 것.

이를 공식으로 나타내면 인간+현미경이 될 것이다.

현미경의 등장 이후, 인간이 사물을 바라보는 시각에 완전한 변혁이 일어났다는 역사를 돌이켜본다면, 인간에게 현미경이라는 수단을 가까이 대기만 해도 우리가 모르는 엄청난 것들을 발견할 것임을 알 수 있다.

세 번째는 기존의 세계를 뚫고 나아가는 것.

기존의 세계라고 뭉뚱그려 말했지만 그 세계는 말 그대로 세계에 대한 기존 인식도 포함할 것이고, 인간에 대한 기존 의식도 포함할 것이다. 기존의 세계를 뚫고 나아가는 것을 한 단어로 말한다면 '상상력'일 테고.

누군가는 말할 것이다.

"모든 소설은 기존의 세계를 뚫고 나아가는 것, 그러니까 상상력의 소산이오. 그러니 당신의 분류법은 틀렸소."

"안다니까요. 제가 소설에 대해 모른다는 사실을 안다니까요."

그럼에도 나는 다시 내 주장에 근거를 대고자 한다.

첫 번째에 해당하는 소설로 《태백산맥》이나 《토지》, 《전쟁과 평화》 같은 무수히 많은 작품을 들 수 있다. 이 많은 소설을 한마디로 역사소설이라고 단정짓는 게 아니라, 역사 속에서 허구의 세계를 구축한 작품들이라는 말이다.

그 가운데 좋은 작품은 역사 속에 등장하는 인물에게 현미경을 들이댐으로써 첫 번째와 두 번째 소설의 범주를 넘나들 것이다. 온전히 두 번째 범주에 포함할 만한 작품들이 가장 많을 것이다. 나는 이런 작품들에 상상력이 없다고 말하는 것이 아니다. 인간에게 현미경을 들이대 유사 이래 우리가 보지 못한 인간성의 면면을 살펴보는 것이 왜 가치가 없겠는가. 그리고 그것 역시 상상력의 한계를 넓힐 것은 당연하다. 그러나 《율리시스》나 《모비 딕》을 보면서 역사를 떠올리거나 상상력의 폭발 현장을 떠올리는 독자는 거의 없다. 그러니까 그런 작품들을 가리켜 인간에게 현미경을 들이댄 작품들이라고 하는 것이다.

세 번째, 그러니까 기존의 세계를 뚫고 나아가는 작품이야말로 일반적으로 말하는 소설의 전통적인 정의에 가장 부합할지 모른다. 《이상한 나라의 앨리스》니 《해리포터》니 하는 작품들에서 역사나 현미경을 떠올릴 사람은 없을 테니까.

그런데 가끔 독특한 작품들이 눈에 띈다.

기존의 세계를 뚫고 나아가는 작품인 듯하면서도 역사소설인 듯하고, 인간에게 현미경을 들이댄 듯한데 알고 보면 상상력의 산물인 작품 말이다.

'마술적 리얼리즘'이라는 기묘한 표현을 낳은 남아메리카 소설가들의 대표적인 작품들이 이에 속할 텐데, 《백년의 고독》,

《세상종말전쟁》 같은 작품들을 들 수 있다.

마술적 리얼리즘이라! 이 표현만 해도 얼마나 모순되는가.
가장 현실적이지 않은 마술과 가장 현실적인 리얼리즘이라는
단어의 결합이니 말이다.

평론가들에게 설명을 들을 수도 있겠지만 그러려면 한나절이
필요할지 모른다.

그래서 한마디로 말한다면 분명 현실에 뿌리내린 작품인데, 그
세계에 사는 사람들의 삶이 우리가 상상하는 세계가 아니라,
몽환적이면서도 초현실 속에서 도무지 설명할 수 없는 방식으로
펼쳐지는 작품이라고 나는 표현한다.

그런데 이들의 작품을 읽다 보면 '마술적 리얼리즘'이라는 표현이
참으로 절묘하다는 생각을 지울 수 없다. 그래서 한 번 마술적
리얼리즘을 표현하는 작품을 읽은 독자들이라면 그에 속하는 또
다른 작품에 손이 간다.

이는 리얼리즘보다 '마술'이 우리를 이끌기 때문일 것이다.

가즈오 이시구로 작품은 어디에 속할까?
그의 다른 작품, 이를테면 그에게 세계적 명성을 안겨준《남아 있는
나날》이나《위로받지 못한 사람들》 같은 작품에서 우리는 풍성한
언어의 상상력과 살아가면서 미처 깨닫지 못한 온갖 감정을 찾을
수 있다. 그의 작품은 우리의 삶을 다른 세계로 쏘아 올리는 것이

아니라 더욱 두툼한 인간으로 이끈다.

로켓에 타고 날아가는 것이 아니라, 코끼리의 몸으로 변한 채 이 세상 저 세상을 거니는 나를 발견한다고 할까.

결국 그는 "감정의 거대한 힘이 담긴 소설을 통하여 인간과 세계의 연결에서 착각을 일으키기 쉬운 감각 이면에 있는 심연을 드러냈다."는 매우 '어려운' 평가 속에 2017년 노벨문학상을 수상했다.

1954년에 일본에서 태어나 7살 무렵 아버지를 따라 영국으로 건너간 다음, 우리는 잘 모르는 켄트대학교와 이스트앵글리아대학교에서 문학을 배운 그가, 분명히 일본 이름인 가즈오 이시구로(일본식 표현으로는 석흑일웅石黑一雄인데, 이를 풀어보면 '검은 돌덩이 집안의 한 영웅'쯤 될까. 사실 성에 대해 언급한다면 중국의 영향을 받은 우리나라 성과 달리 많은 나라들은 조상의 직업이나 출신지 등에서 유래한 성을 사용한다. 서양에서 '테일러'라는 성을 가진 사람들이 옷 만드는 집안 출신인 것이 그 대표적인 것이다. 우리나라도 신라가 고구려, 백제를 정복한 후 성이 김, 이, 박 같은 신라식 성, 중국식 성을 갖게 되었지, 백제만 해도 백제 부흥운동을 이끈 흑치상지黑齒常之(검은 이빨)에서 볼 수 있듯이 성은 생김새 또는 지역과 분명 관계가 있다)로서 노벨문학상을 가진 것에 기분이 흔쾌하지 않은 분도 계실 것이다.

잘나가는 인간은 좋은 대학을 나와야 하고, 어려운 고시를 통과해야 하며, 절대 일본'놈'이 아니어야 한다는 우리의 선입견을 무참히

깨주니 말이다. 그러나 오히려 그러하기에 새로운 소설의 세계를 우리에게 열어줄 수 있는지도 모른다. 뻔한 길이 아닌 다른 길을 살아냈기에 말이다.

《우리가 고아였을 때》는 놀라운 소설이다.
400쪽이 조금 넘는 이 작품을 읽고 나는, 대단한 대하소설 한 편을 읽은 듯한 느낌을 가졌다. 그러면서 이건 역사소설인가 아닌가, 리얼리스틱한 소설인가 아닌가, 추리소설인가 아닌가 의문을 품었다.
그리고 마지막에는 이런 느낌도 가졌다. '혹시 이런 촘촘하면서도 자유롭고, 치밀하면서도 웅장한 상상력은 어디서 왔을까? 부디 대한민국 소설가들을 위해서라도 이런 상상력의 밑바탕에 일본 문화가 있지 말기를', 바랐다.
만일 그렇다면 그들이 1968년 가와바타 야스나리를 필두로, 1994년 오에 겐자부로, 그리고 국적은 영국이지만 아무리 보아도 일본인인 2017년의 가즈오 이시구로에 이르기까지 세 번에 걸쳐 노벨문학상을 받는 동안 우리는 늘 노벨상 시즌에 되지도 않는 '희망고문'에 빠진 것이 미래에도 계속될지 모르니까.

줄거리를 쓰지 않는 내 방식 그대로 나는 내용을 이야기하지 않는다.

다만 이 '인생 소설(21세기 초반 대한민국에서 유행하던 표현인데, 자신이 가장 좋아하는 것들에 이런 말도 안 되는 명칭을 사용했다. '인생 자장면'이니 '인생 영화'니 하면서. 그래서 나도 터무니없는 표현을 써보았다)'의 제목이 '우리가 고아였을 때'라는 것을 떠올리면 고아 출신 주인공과 나머지 두 고아 말고 책을 읽는 모두(그러니 영어로 We라는 표현을 쓰지 않았을까? "당신도 포함되는 것이오." 하고 말이다)에게 해당하는 것은 아닐까 싶다.

그렇게 보면 우리가 고아로 살아간다는 것은 무엇이며, 고아로 살아가는 것과 고아가 아닌 것으로 살아가는 것은 어떤 차이가 있을까? 그리고 만일 선택할 수 있다면 우리는 둘 가운데 어떤 삶을 택할 것인가?

내 의견을 말하라면 나는 고아로 살아가겠다, 그리고 누군가에게도 기꺼이 말하겠다, 당신도 고아로 살아가거라. 그것이 가즈오 이시구로가 말하는 바 아닐까? 비록 번역자 김남주는 옮긴이의 말에서 '이 세상에서 다시 가족을 만들고자 하는 시도로 이어진다.'라며 고아로 살아가지 말라고 한다지만.

《잃어버린 계몽의 시대》
S. 프레더릭 스타 / 이은정 옮김 / 길

책 제목부터 마음에 안 드는 분들이 계실 것이다.

"이게 무슨 소리야? 지금이 어느 시대인데, '계몽' 같은 말을 하는 거야? 게다가 계몽의 시대라고? 그게 언제인데?"

그래서 말씀드린다. 부제를.

중앙아시아 황금기, 아랍 정복부터 티무르 시대까지 –

이렇게 쓰고 보니 갑자기 온갖 걱정이 밀려온다.

미국 이야기도 아니고, 중국, 일본, 유럽 이야기도 아닌 중앙아시아 이야기를 누가 읽지? 게다가 머릿속에 떠오르는 것은 양과 말, 푸르딩딩한 초원, 사막, 가끔 보이는 오아시스 근거의 도시들에는 특별히 관심 갖지 않아도 될, 아니 관심 가질 필요가 없는 사람들이 어슬렁거리는데, 뭔 황금기? 중앙아시아에 황금기가 있었다고?

도대체 중앙아시아에 있는 나라들이 어디지? 대부분 이름도 외우기 힘든 나라들 아니었던가? 아, 얼핏 떠오르는 게 나라 이름에

'~스탄'이 들어간다는 것이구나.

사실이 그렇다. 우리에게 중앙아시아는 스텝 기후(건조기후 중
사막기후보다 강수량이 많아 초원草原을 형성하는 기후)와 그곳에서
살아가는 유목민, 그들이 사육하는 수많은 양떼와 양고기로
인식된다고 솔직히 고백해야 할 것이다. 조금 덧붙이면
페르시아어로 '~스탄'은 나라 또는 지방을 가리키는데, 이 지역이
고대부터 페르시아의 영향을 받아 나라 이름에 대부분 ~스탄이
붙는다는 사실을 아는 정도일 것이다.

그러나, 아니 그래서 나는 이 책을 읽었다.
정말 내 머릿속 중앙아시아에 있는 실크로드, 양떼, 아프가니스탄,
키르기스스탄, 타지키스탄, 우즈베키스탄, 파키스탄, 카자흐스탄,
투르크메니스탄 외에 무언가 놀라운 것이 있을까? 지금은 이른바
잘산다고 자부하는 나라 시민들이 별 관심을 갖지 않는 그들에게도
'자랑스러운 역사', '면면히 이어오는 문화', '화폐에 새겨 넣을 만큼
기억할 만한 인물'이 있을까?
"당신은 그런 게 궁금해? 그래, 중앙아시아에 자랑스러운 역사나
문화나 인물이 있다고 치자. 그런 걸 우리가 알아야 할 이유가
무엇인데? 게다가 이 책 보니까 900쪽 가까이 되더라. 책 다
읽으려면 한 달은 걸릴 텐데, 왜 읽어야 하냐?"

맞다. 그러나 틀렸다.

서양 누군가가 "대한민국이라는 나라에도 K-POP이나 드라마,
오징어게임 외에 뭐 대단한 문화유산이나 역사적 인물이 있나?"
하고 물으면 우리는 입에 게거품을 물 것이다. 그러니 우리에게
중앙아시아 여러 나라에 대해 모르는 것을 당연히 여길 근거라도
있는가?

그러나 이렇게 대꾸하는 것은 너무 천박하다.

멋지게 말하자면, 인간이 지구상에서 살아가는 모든 이웃들의 문화,
역사, 철학, 종교, 자연, 그리고 본질적으로는 삶을 아는 것이야말로
'평화롭고 풍요로우며 행복하게' 사는 지름길이다.

아는 이웃에게는 발길질 한 번 하는 데도 죄의식을 느끼지만,
모르는 이들을 향해서는 자동소총도 날리고 미사일도 쏘는 게
인간이다. 그러니 우리가 좋아하는 나라 외에 모든 인류 문명과
역사, 인간에 대해 아는 것이야말로 우리 삶을 아름답게 만드는
실마리인 게 분명하다.

그뿐이 아니다. 실질적인—다시 천박하게 말하자면 돈
되는—면에서도 필요하다.

이제야 수백 년에 걸친 은둔에서 벗어나 세계를 향해 기지개를
켜는 중앙아시아 여러 나라와 교류를 위해서도 그곳을 제대로
이해하는 것은 중요하기 때문이다.

그런 면에서 이 책은 제대로 역할을 한다.

세계사 수업 시간에 배운 셀주크 투르크니, 칭기즈칸이니,
페르시아니, 수니파니, 시아파니 하는 수많은 역사적 존재뿐 아니라
이른바 '알 씨*'들을 비롯한 수많은 인물들에 대해서도 어렴풋이나마
정리를 해 준다. 그뿐 아니다. 책을 읽어나가다 보면 이른바 '역사의
동력動力'이라는 것이 무엇인지에 대해서도 질문하게 된다. 모든
역사를 지닌 민족이 그러하듯, 우리 민족 역시 자랑스럽기도 하지만
부끄럽기도 한 역사를 반복했으니 말이다.

또 왜 중앙아시아 대부분 국가들이 이슬람국가인지에 대해서도
훤히 알게 되었다.

그러나 무엇보다 나를 충격에 빠뜨린 것은 이 지역이 낳은 인물들
때문이다. 우리는 특정 나라를 머릿속에 떠올릴 때 '그 나라가
축구를 잘하는가?', '잘사는 나라인가?', '여행을 갈 만한 나라인가?'
같은 의문과 더불어 '그 나라가 낳은 유명한 인물이 누구지?' 하는
질문을 스스로 한다. 그러니 우리가 중앙아시아에 대해 관심을 갖지
않은 만큼 그 지역이 어떤 역사적 인물을 낳았는지 알 길이 없다.

---

*   '알 씨'라고 했다고 폄하하는 것이 아님은 잘 아실 것이다. 우리는 아랍
     역사에도 무관심할 뿐 아니라 아랍과 관련된 모든 것을 부지불식간에
     경시하는 경향이 있다. 그러다 보니 '알 ~ '이라는 아랍식 이름에도 익숙하지
     않은 게 사실이다. 그러나 이 책을 읽으면서 나는 너무나 많은 천재들이
     '알 씨'임을 깨달았다. 아니, 이전에는 누구도 알려주지 않은 사실을 알게
     되었다. 그들은 어떤 면에서는 우리 조상들이 이룬 모든 것보다 훨씬 많은
     것들을 이루었는지도 모른다.

그런데 이토록 놀라운 인물들이 이 지역 출신이었다. 아니, 그냥 놀라운 인물이 아니라 지구상에 뿌리내리고 살아가는 이들이라면 결코 잊어서는 안 될 철학과 사상, 종교와 문명을 남긴 무수한 이들이 이 땅에서 태어나고 성장하고 종말을 맞이했다.

그 가운데 몇 사람만 소개한다.

오늘날 카자흐스탄에서 태어난 알 파라비(al-Fārābī, 870-950)를 '무슬림들은 그를 두 번째 스승-첫 번째 스승은 아리스토텔레스이다-으로, 그리고 현대 철학자들은 최초의 논리학자이자 이슬람 신플라톤주의의 아버지로 칭송한다.' 그뿐 아니다. 그는 '토마스 아퀴나스, 단테, 심지어는 이마누엘 칸트에게까지 직간접적으로 상당한 영향을 끼쳤다. 세계적으로 중요한 문인인 파라비는 동서 중세 사상의 황태자였다.' 그리고 그의 사상을 요약하여 책은 이렇게 전한다.

플라톤처럼 파라비도 민주주의자는 아니었다. 왜냐하면 민주주의는 사회를 별볼일없는 일반 대중의 수준으로 끌어내리기 때문이었다. 그러나 그는 철저히 도시적인 사람이었고 시민 간의 자발적인 협력을 칭송했으며, 모든 인간은 도시생활에 참여해야만 최고의 잠재력을 발휘할 수 있다고 주장했다. 사회의 목표는 바로 이를 가능하게 만드는 것이다.

……

(플라톤은) 사회의 목표인 '정의正義'는 도덕적이고 온전히 현명한 '철학자-왕'의 영도 아래에서만 실현될 수 있다고 주장했다. 파라비는 철학자-왕을 만물의 신성한 질서의 인간적 구현으로 보았다. 그는 모든 죄악으로부터 자유롭고 판단에 오류가 없다. 그는 끊임없이 반대와 논쟁을 불러일으키고 종국에는 어떤 궁극적인 진리도 없다는 잘못된 믿음에 이르게 만드는 '상징'(즉 종교적 도그마)을 통해서가 아니라 '엄격한 실증'을 통해 가르친다. 이와 같은 현명한 지도자가 부재한 '무지한 도시'는 온통 명예와 부를 좇느라 바쁘고 그 시민들은 말 못하는 짐승의 수준으로까지 추락한다. 설상가상으로 이러한 도시는 끊임없이 이웃과 전쟁을 벌이며 적을 제압하는 자만이 가장 행복하다고 믿는 착각에 빠진다. 이로써 정의는 '길을 막아서는 온갖 무리를 완력으로 물리치는 것'으로 그 의미가 축소되고 만다.

'정도正道를 상실한 도시'의 시민은 무지 속에서 인간 결속의 기초로 혈통, 민족성 또는 거주지 같은 공통된 유대감을 형성한다. 심지어 몇몇은 인생의 전투장에서 성공으로 이끌어줄 사람 간의 연대를 만들어내고자 종교를 울타리 안으로 끌어들이기도 한다. 이와 같은 '속임수와 재간'은 "치열하고 공개적인 싸움에서 힘으로 이러한 재화를 획득할 수 없는 유약한 자들"의 마지막 수단이다.[41]

알 파라비는 오늘날 중앙아시아에서 위대한 인물로 칭송받고 있다. 사진은 카자흐스탄 지폐 속 알 파라비 초상.

그런데 우리는─적어도 나는─알 파라비라는 이름을 알지 못한다. 단테니 토마스 아퀴나스, 칸트라는 이름은 알면서 그들에게 영향을 끼친 인물을 모르다니.

그러나 여기 참으로 몰라서는 안 될 인물이 있다.

열여섯 살에 비루니는 사만 왕조의 재상이었던 자이하니가 집필한 《지리학》을 읽고 자신의 고향인 카트의 경도를 혼자 계산하는 데 착수했고 태양의 최고 높이를 이용해 그 값을 얻어냈다.

……

그는 천체를 보기 위해 '관측관'이라고 할 만한 것을 발명한 수리공이기도 했다. 비록 이 기구에 렌즈는 없었지만 지정된 개체에 초점을 맞출 수 있었고 주변의 빛도 제거해 주었다. 17세기에 비루니가 만든 장치에 렌즈를 추가한 것이 오늘날의 망원경이 되었다.

…….

역사가로서의 비루니와 천문학자로서의 비루니는 기괴한 공동연구를 해야 했던 서로 다른 두 사람이었다는 결론이 매우 솔깃할 정도이다. 《고대국가들의 연표》는 저자의 풍부한 학식을 여실히 보여 준다. 역사적 측면에서 비루니는 모든 문화권의 연대기와 모든 종교의 경전을 섭렵했던 것 같다. …….

비루니는 회의적인 눈으로 다양한 이 모든 자료를 다루었는데, 어느곳에서나 사람들은 자신들의 편견에 맞춰 시간을 단축하거나 늘려 역사와 내력을 조작하는 경향이 있다고 주장했다. 그는 "거짓말이 모든 역사적 기록과 전통에는 섞여 있다."라고 썼다.

…….

비루니의 《고대국가들의 연표》가 등장하기 전에는 만국사萬國史가 없었고 쓰일 수도 없었다. 왜냐하면 종교와 문명의 경계를 가로질러 이어지는 시간을 측정하기 위한 통합된 기반이 없었기 때문이다. 비루니는 세계적인 역법을 만들었고, 그 결과 통합된 세계사 구축을 위한 필수적인 도구도 마련되었다.

…….

최근 세기에 와서야 사상가들은 비루니의 《고대국가들의 연표》가 열어놓은 길에 만국사라는 개념을 적용하기에 이르렀다.[42]

그러나 비루니의 흔적은 이 정도에 그치지 않는다.

> 그는 정확한 크기의 지구 구면 위에 알려진 모든 지리적 장소의 위치
> 를 정하는 작업에 착수했다…….
> 지구 둘레가 좀 더 정확하게 측정된 지도 위로 이 자료들을 옮기면서
> 비루니는 즉시 아프리카 최서단 끝에서부터 중국의 최동단 해안까지
> 유라시아의 전체 폭이 대략 지구본의 2/5에 미치지 못함을 알아챘다.
> 이는 지구 표면의 3/5이 사라졌음을 의미했다.
> …….
> 그는 지구의 2/5에 해당하는 지역에 육지를 형성한 힘과 과정이 왜
> 나머지 3/5에는 영향을 끼치지 않았을까 골똘히 생각했다. 이런 식의
> 추론을 통해 비루니는 유럽과 아시아 사이의 광대한 대양 지역 어딘
> 가에 반드시 지금까지 알려지지 않은 광활한 땅덩어리, 즉 대륙이 존
> 재할 것이라고 결론지었다.[43]

한마디로 말하면 자신의 수학적 지식과 천문학 지식을 바탕으로
그때까지 알려지지 않은 대륙이 분명히 존재함을 증명했다는
것인데, 그가 바로 알 비루니(al-Bīrūnī, 973~1048)라는 인물이다.
오늘날 우즈베키스탄 출신이고 '모든 유용한 학문 분야에 관심을
가졌던 천재.'

그 외에도 이 책에는 무수한 인물과 사건, 유적과 전쟁이 등장한다. 그 모든 것의 공통점은 대부분 우리가 잘 모른다는 것이요, 다른 하나는 세계사적으로 매우 중요한 의미를 갖는다는 것이다.

그래서 이 '잃어버린 계몽의 시대'를 향해 탐험하는 것은, 비루니가 지성으로 확인한 땅을 직접 배를 타고 탐험한 콜럼버스보다 훨씬 가치 있다. 그는 탐험한 지역에 역병과 살해, 파괴와 식민만을 남겨 놓았지만, 우리의 중앙아시아 탐험은 새로운 앎을 통한 인간 이해의 장을 열어줄 것이기 때문이다.

덧붙여 서양 르네상스 시대를 언급할 때마다 등장하는 설명, 즉 고대 그리스 문명이 중세에 자취를 감추고 있을 때 아랍권에서 그리스 고전을 번역, 발간하였다가 후에 서양으로 전파했다는 사실. 그 내용이 어떻게 이루어지고 더 풍성해졌는지도 이 책을 통해 확인할 수 있다.

물론 가장 중요한 내용은 '그토록 빛나던 중앙아시아의 문명이 어떻게 잊혔는가.'이다. 이에 대해 저자는 여러 학자들이 제기하는 다양한 결론을 소개하고 자신의 결론도 소개한다. 무엇이 정답인지 판단하는 것은 독자 몫이리라. 그리고 정답이건 아니건, 수많은 이론의 근거를 이해하는 것 역시 끝없이 배우고자 하는 이들의 몫이리라.

배움으로 방패를 만드시오, 왜냐하면

알 비루니를 기려 그의 이름을 붙인 달 표면 분화구.

우리나라에 아는 사람이 거의 없는 '알 비루니'라는 이름을 달 표면에 새길 거라고는
상상도 못했다. 그만큼 우리의 지식은 보잘것없음을 다시 한번 깨닫는다.
James Stuby based on NASA image

재앙에 맞서는 더 강한 방패는 없기 때문이오.

지식의 방패를 소유한 사람이라면 누구든

세월의 충격에도 고통받지 않을 것이오.[44]

우리가 이 두꺼운 책을 읽어야 할 이유 가운데 하나를 위 글이
전하고 있지 않은가.

《지식의 지도》
바이얼릿 몰러 / 김승진 옮김 / 마농지

내가 태어나서 가장 멀리 가 본 곳이 이베리아반도였다. 스페인과
포르투갈이 자리하고 있는 곳. 500년 전만 해도 세계를 주름잡던
두 나라. 지금도 대단한 나라이기는 하지만, 지갑 두께로만 본다면
대한민국보다 앞선다고 보기 어려우니, 키도 작달막하고 눈도
찢어졌으며, 코도 높지 않은 동양인 가족이 길가 카페에 앉아
히히덕거리는 모습이 눈에 거슬렸을지도 모른다.

본래 계획 따위 세우는 데 영 성실치 못한 인물이라, 그 여행 계획
수립 역시 온전히 딸 둘 몫이었다. 그래서 남들 다 가는 곳 들렀을
것이고, 남들 다 먹는 것 먹었을 것이며, 남들 다 타는 케이블카
탔을 게 분명하다.

말로는 늘 "여행이라는 것이 관광과는 다르다고요. 그러니 수박
겉핥기식으로 사진 찍고 오는 관광은 가지 마십시오. 가려면
공부하고 가십시오. 그렇지 않으면 텔레비전에서 보는 경치

타호강 모습

그날 타호강 협곡 가장자리에 서게 된 제라르도는, 톨레도를 세운 사람들이 왜 이곳을 택했는지 대번에 알 수 있었을 것이다. 가파른 언덕 꼭대기에 위치해 있는 데다 삼면이 구불구불한 강으로 둘러싸여 있어서 방어에 매우 유리했다. 강을 건너 도시를 공격하는 것은 자살행위나 마찬가지일 터였다. 깎아지른 절벽 아래로 내려가는 것부터도 쉽지 않을 텐데, 급류를 건너가 반대편에서 다시 절벽을 올라 전투태세를 갖춘다는 것은 불가능했다.
······

서고트족이 스페인을 지배하게 되었을 때 이들은 이베리아반도 정중앙에 있는 톨레도를 수도로 삼았고, 톨레도는 서고트 왕국의 정치, 종교, 문화 권력의 중심지가 되었다. 7세기에는 다양한 저술가들이 이곳에서 활동하고 적어도 두 개의 도서관이 생기면서 학문이 융성했다.[56]

이 사진은 메스키타 전경이다. 위키피디어에 들어가면 이 놀라운 건물의 속속을 들여다 볼 수 있다. 그리고 건물이 품어온 천 년 넘는 역사를 확인할 수 있다. 바르셀로나 〈성가족성당〉을 못 보아도 여긴 보아야 했는데. 제길! "이런 문명과 역사도 지나칠 거면서 이베리아 반도 여행은 왜 갔지?" 스스로 묻는다.
위키피디어 Toni Castillo Quero

784년에 라흐만은 그때까지 기독교도와 무슬림이 예배 장소로 함께 사용하고 있었던 서고트 시절의 산빈센테 교회 자리에, 커다란 모스크(메스키타La Mezquita)를 건설하라고 지시했다. …… 800개가량의 기둥이 붉고 흰 줄무늬의 이중 아치를 떠받치면서 어질어질할 정도로 황홀한 패턴과 대칭 구도의 장관을 이루고 있는 메스키타는 보는 이를 압도할 만큼 장대했다. …… 하지만 1236년에 코르도바를 정복한 유럽 북쪽의 기독교도들은 지체하지 않고 이곳에 미사용 제단을 설치하고 건물을 축성해 성당으로 기능을 바꾸었다. 한두 세기 뒤에 코르도바의 주교 알론소 만리케Alonso Manrique는 그래도 여전히 너무 이슬람 사원 같아 보인다고 생각해서 한가운데에 성당 건물을 지을 수 있게 허락을 받아냈다. 오늘날 메스키타에 들어가 보면 먼저 수많은 기둥이 어질어질하도록 화려하게 줄지어 있는, 딱 봐도 이슬람처럼 보이는 공간을 마주하게 된다. 하지만 중앙으로 가면 천장이 급격하게 높아지면서 뾰족한 아치와 화려한 부채꼴 모양의 천장 궁륭이 나타나고 마호가니로 된 성가대 좌석과 십자가가 있는 고딕 양식의 성당 안에 서 있게 된다. 세계에서 가장 희한한 건물이라 불러도 손색이 없을 것이다. 한가운데 성당을 품은 모스크라니, 두 종교 사이에 벌어진 투쟁의 거대한 체현물인 셈이다.[57]

확인하는 것밖에 되지 않습니다." 하며 떠벌였지만, 나 역시
그러했을 것이다.

그런데……

공부를 했어야 톨레도가 얼마나 중요한 지역인지 알지. 제대로
공부도 안 한 상태로 이베리아 반도 여행을 떠났으니, 말 그대로
수박 겉만 핥다가 온 게 바로 나다!

사실 《지식의 지도》라는 책을 펼치며 상상했다.
'아, 지식이 어떻게 전파되었는지 보여 주는 책이겠구나.'
그런데 그 상상은 절반은 맞고 절반은 틀렸다. 지식의
전파라기보다는 고대 과학, 그 가운데서도 유클리드와
프톨레마이오스, 갈레노스의 수학, 천문학, 의학이 어떤 경로로
중세 암흑기를 거치며 근대, 나아가 오늘날까지 전해 왔는지
보여준다.
"지식의 지도 맞잖아요?"
그런가? 역시 늙으면 은퇴해야 한다.

얼마 전에 《잃어버린 계몽의 시대》라는 책을 읽으면서 느낀 바가
컸다.
'이슬람 문명이 없었다면 오늘날 서구 문명도 없었을 텐데.'
도대체 우리나라 학교에서는 이슬람 세계에 대해 가르치지 않는

– 아니 요즘은 내가 학교를 안 다니니 이렇게 말하기는 어렵고
– 가르치지 않았다. 가르치지 않기만 하면 낫다. 우리 사회 일부
계층에게 이슬람은 저급하고 무지하며 폭력적이고 가난한,
한마디로 지구상에 존재하지 말아야 할 존재다. '존재하지 말아야
할 존재.' 결국 존재 아닌 존재.
그런데 요즘 뉴스랍시고 나오는 소식들을 보면 21세기에도 변한 건
없는 듯하다.

그러나 개인적으로는《잃어버린 계몽의 시대》를 거쳐《지식의
지도》를 보면서 이슬람 문명에 대한 감사는 더욱 확대되었다.
그리고 어쩌면······.

모사라베(8~11세기 무슬림이 통치하는 이베리아 반도 지역에 거주하던 그
리스도교인을 지칭하는 용어)는 (무슬림 통치하의 기독교도로서) 두 문화
사이의 매우 독특한 영역을 점유하고 있었다. 아랍 문화와 관습을 받
아들였지만 자신의 언어를 사용했고 자체적인 법에 따라 살았다. 경
쟁 종교의 통치하에서 오랜 세월을 잘 살아왔는데, 크게 보면 같은 종
교의 다른 분파인 가톨릭 통치하에서 박해를 받게 되었다니 아이러
니한 일이다. 무슬림 시기에 모사라베가 누렸던 자율성은 이들의 군
센 의지도 말해주지만, 자신의 영향권 안에 여러 종교가 공존할 수 있
게 했던 중세 이슬람의 포용력에 대해서도 많은 것을 말해준다. 유대

인들 역시 서고트 치하에서는 박해를 받다가 우마이야 왕조하에서는 번성했는데, 다시 가톨릭 종교 재판에 의해 추방되고 살해당하기까지 했다.[47]

1492년에 무슬림이 지배하던 마지막 도시 그라나다가 기독교도에게 함락된다. 항복 조건은 너그럽고 계몽적이었다. 이슬람권 스페인에 살던 사람들은 평화롭게 살도록 허용되었고, 자신의 종교와 관습도 유지할 수 있었다. 하지만 바람직한 출발은 곧 불관용과 박해에 밀려났다. 이사벨 1세와 페르난도 2세의 스페인에서 다른 문화와 종교는 허용되지 않았다. 그들은 수천 명의 유대인을 내쫓았고 무슬림을 억압했으며, 700년 역사의 무슬림 문명을 파괴하기 시작했다. 정점은 1499년이었다. 이때 광기 어린 성직자 히메네스 데 시스네로스 추기경이 이곳에 들어와 그라나다의 민족 구성을 바꾸고 이슬람 문화의 흔적을 모조리 제거하려 들었다. 그는 그라나다의 도서관에 있던 책 200만 권가량을 중앙 광장에 쌓아놓고 불태웠다. 이러한 '문화 홀로코스트'는 "글로 된 것을 파괴하는 것이 곧 문화에서 영혼을 제거하는 길이고 점차 정체성을 제거하는 길"이라는 신조에 따른 것이었다.[48]

광휘가 바래가는 스페인과 포르투갈의 오늘은 어쩌면 저 불관용과 분서焚書에서 시작한 것은 아닐까?

200만 권이라니! 독자보다 저자가 더 많은 오늘날에도 200만 권은 실로 놀라운 숫자인데, 1499년이라면 한 권 책의 값어치가 오늘날 컴퓨터 한 대 값에 맞먹을 때 아니던가. 그러니 책 내용이 분명 잘못일 것이다. 아니, 잘못이어야 한다. 그 많은 문명이 한 명의 광신자에 의해 사라졌다면, 아무리 하나님도 사람이라 (? 뭔가 이상하긴 하다) 실수를 한다고 쳐도, 이건 너무 큰 실수 아닌가 말이다. 그래서 나는 200만 권이 200권의 오류이기를 진심으로 바란다. 진심으로!

클뤼니 수도원장 '가경자可敬者' 피에르는 1141년에 스페인 수도원들을 순회하다가 '에브로 강둑'에서 두 젊은 학자, 헤르만과 로버트를 만났다. 피에르는 이들에게 쿠란을 번역해달라고 부탁했다. 그는 쿠란 등 이슬람 저술들을 근거로 들어 이슬람 사상이 기독교 입장에서 이단이라고 주장하고자 했다. 하지만 더 중요한 것은 그가 무슬림 문화를 배우려 하고 그것과 관련을 맺고자 한 최초의 기독교 학자였다는 사실이다. 이것은 두 종교 사이 대화에서 매우 획기적인 순간이었다. 피에르가 이슬람에 관심이 있었고 이슬람을 존중했다는 것은 명백하다. 그는 무슬림 학자들이 "매우 똑똑하고 학식 있는 사람들이며 그들의 도서관에는 자유 교양과 자연에 대한 연구를 다룬 책들이 가득해서 기독교도들이 그 책들을 찾아 나서고 있다"고 묘사했다. 진지한 관심으로 이슬람 문화를 대하는 열린 태도는 12세기 유럽 학자들

의 특징이었지만 오래가지는 못했다.[49]

사실 400년 전만 해도 이런 분위기가 조성된 것도 사실이다.
그러나 안타깝게도 오래가지 못했단다. 아니, 이런 분위기야말로
일신교 탄생 이후 인류 문명에서 특이한 시대였을지 모른다. 기독교
탄생 천 년, 이슬람 탄생 4백여 년으로, 두 종교가 만난 초창기에
해당했을 테니까 말이다.
역사를 살펴보아도 그 후 오늘날까지, 아니 갈수록 두 종교 사이에
갈등과 반목, 전쟁이 더하는 게 사실이다.

우리가 공부하는 까닭이 무엇이던가. 이런 역사를 확인하면서, 오늘
우리 삶이 피폐하고 척박함을 반성하기 위함이 아니던가. 그리고
더 나은 삶과 평화를 위해서는 무슨 일을 해야 하는지 확인하고
실천하면서 말이다.

> 우리가 살펴본 도시들은 저마다 고유한 지리와 특성을 가지고 있었
> 지만 학문이 번성할 수 있는 조건을 만들었다는 공통점이 있었다. 그
> 조건은 정치적 안정, 자금과 서적의 지속적인 공급, 학문에 관심 있는
> 뛰어난 인재들의 유입, 그리고 가장 중요한 것으로, 타 민족과 타 종
> 교에 대한 관용과 포용이었다.[50]

그러나 공부하는 인간을 배척하는 우리 사회는, 정치적 갈등,
서적의 지속적인 감소, 돈에 관심 있는 허접한 인간들의 유입,
그리고 가장 중요한 타 민족과 타 종교에 대한 폄하와 배척에
혈안이 되어 있다.
나 따위가 이 재미있고, 귀하고, 여행의 참된 즐거움을 전하는 책을
읽어 봐야 우리 사회가 앞으로 나아가지 못하는 까닭이다.
그러니 여러분만이라도 이 신나는 책 여행에 동참해 주시기 바란다.
그래야 우리 사회가 앞으로는 못 나간다 쳐도 뒤로 후퇴하는 일은
막을 수 있지 않겠는가 말이다.

환

의

희

책

《모비 딕》

허먼 멜빌 / 김석희 옮김 / 작가정신

조선시대에 서른두 살은 장년이었다. 될성부른 지도자는 그 나이에 이미 조정 중신의 반열에 올랐다.

21세기 대한민국에서 서른두 살은 젊은이다. 큰일을 도모하기보다는 직장을 걱정하고 혼인을 할 것인가 혼자만의 삶을 선택할 것인가, 고민하기도 하면서, 썩 중요치 않은 일에 의미를 부여하며 맛집을 찾아 긴 줄을 선 채 그 지루한 시간을 게임과 함께 지내는, 아직은 주어진 삶을 조금은 흘려보내며 살아도 되는 나이다.

허먼 멜빌Herman Melville은 서른두 살에 《모비 딕Moby Dick》이라는 고래잡이 소재 장편소설을 출간하였다. 그러니까 그가 몇 살에 이 소설을 쓰기 시작했는지, 완성했는지는 잘 모르겠다. 다만 서른두 살 이전에 이 소설을 쓴 것은 '사실事實'이다.[*]

어린 시절에 축약본縮約本으로 읽은 수많은 작품들을 성인이 되어 완역본完譯本으로 읽는 일은 어쩐지 시간을 낭비하는 느낌이 드는 게 사실[**]이다. 초등학교 시절에 《걸리버 여행기》로부터 《삼국지》, 《전쟁과 평화》, 《주홍글씨》, 《노인과 바다》 같은 작품들을 읽은 기억을 되살리다 보면, 그 뻔한 이야기를 다시 두꺼운 완역본으로 읽고 싶지 않은 것을 탓할 수 없다. 읽어야 할 책은 워낙 많은데, 인생은 짧으니 말이다(그렇다고 이런 책을 안 읽었다는 말은 아니다). 그래서 《모비 딕》도 썩 읽고 싶지 않았다. 아, 그 무렵에는 제목이 《백경白鯨》이었구나.

이 소설은 오늘날에도 《백경》으로 유명하다. 소설의 주인공인지 배경인지 소재인지 불분명한 '모비 딕'이 백경白鯨, 즉 '흰고래'이기 때문에 이런 제목을 붙였을 것이다.

그러나 나는 믿고 읽는 번역가 김석희 선생의 번역본 《모비 딕》을 읽었다.

짧은 인생에서 왜 케케묵은 고래잡이 소설을 다시 읽었느냐고? 불현듯 인생이 얼마 남지 않았다는 생각이 들자 갑자기 고전을

---

[*]   요즘 대한민국에서는 '사실'이라는 단어 대신 '팩트'를 사용한다. 원 글자가 fact인 이 단어의 영어 뜻은 '사실, 일, 정보, 사건'이다. 나는 한반도에 태어나서 한반도에서 생각하고 한반도의 문명을 자양분 삼아 성장했다. 그래서 팩트라는 단어에서 느낄 수 없는 힘을 '사실'에서 느낀다.

[**] 이런 때는 '팩트'라고 하지 않는다. 그래서 '팩트'를 사용하는 이들이 명분을 갖는다. 아무리 그래도 나는 팩트보다 사실에서 더 힘을 느낀다.

20대 후반의 허먼 멜빌 초상화

생김새가 나의 20대 후반과는 물론 오늘날 20대
후반과는 사뭇 다르다. 그러니 이런 소설을 썼겠지.

읽어야겠다는 생각을 했다. 죽을 때 이들을 읽지 않은 것이 가슴에,
목에 걸릴 것 같아서 말이다.

물론 오래전부터 여러 고전을 읽었는데, 모든 작품이 작가의 핏줄로
새긴 듯 절실한 것이라는 생각은 하지 않는다. 그저 그런 작품도
있었고, 공연히 읽었네, 하는 작품도 적지 않았다.

그러나 이 작품《모비 딕》은 말 그대로 작가의 핏줄을 다 꺼내 새긴
끝에 창백한 표정만이 남은 듯 충격을 주었다.

아! 고래잡이 소설로 치부하고 안 읽었다면 얼마나 억울했을까?
싶다.

이 소설을 읽으며 가장 먼저 떠오른 것은 셰익스피어였다.
소설을 읽다 희곡 작가가 떠오른 데에는 그만한 까닭이 있다.

     아아! 우리는 얼마나 기꺼이 우리 자신을 파멸에 내맡기고 있는가![51]

     설교단이야말로 이 세상의 맨 선두 부분이며, 그 밖의 다른 것들은 모
두 그 뒤를 따라가기 때문이다. 설교단이 세상을 이끌어 간다. 하느님
의 격한 노여움의 폭풍은 그곳에서 맨 먼저 발견되고, 뱃머리는 맨 먼
저 하느님의 공격을 견뎌내야 한다. 순풍이나 역풍을 관장하는 신에
게 순풍을 보내달라고 맨 먼저 기원하는 곳도 바로 그곳이다. 그렇다.
이 세상은 항해에 나선 배다. 항해는 아직 끝나지 않았다. 설교단은

바로 그 배의 뱃머리인 것이다.[52]

'아아, 내 양심도 내 안에 저렇게 매달려 있구나! 내 양심은 저 등불처럼 수직으로 곧장 타오르고 있지만, 내 영혼의 방들은 모두 비뚤어져 있구나!'[53]

그렇게 끝없이 이어지는 것, 그것이 바로 견딜 수 없는 세상의 노고인 것이다.[54]

노인들은 대체로 잠이 오지 않는 법이다. 삶과 더 오래 연결되어 있을수록 인간은 죽음을 생각하게 하는 그 무엇과도 관계를 덜 갖게 된다.[55]

손으로 얻어맞는 것이 지팡이로 얻어맞는 것보다 쉰 배나 더 화가 나서 참을 수 없는 것도 그 때문이라네. 살아 있는 손발, 그게 살아 있는 모욕을 만들지.[56]

그들이 내려다보는 혼란스러운 갑판을 어떻게 정리하면 좋을지 조언해달라고 아무리 호소해도 그들은 응답하지 않을 것이다. 하지만 그들의 정신은 미래의 짙은 안개를 뚫고, 피해야 할 여울이나 암초를 먼 곳에서 미리 발견해준다고 짐작할 수 있다.[57]

책을 읽는 내내 숨이 차도록 가슴이 벅차올랐는데, 바로 위와 같은 대목이 쉴 새 없이 등장하기 때문이었다. 사실 위 내용도 추리고 추린 것이다. 그리고 이 책은 본문만 684쪽에 달한다. 그러니 위에 인용한 부분은 그 가운데 일부분일 뿐이다. 더더욱 핏기어린 문장의 비율은 뒤로 갈수록, 그러니까 그 유명한 다리가 하나뿐인 주인공 에이해브와 모비 딕의 조우遭遇가 다가올수록 높아만 간다.

그러니 어찌 내 머릿속에 셰익스피어가 떠오르지 않을 수 있겠는가. 사실 수많은 글을 읽다 보면 대표적으로 드는 느낌이 세 가지쯤 된다.

첫째, 어차피 이 글은 천재의 소산所産이다. 그러니 질투를 느낄 것도 없고 다만 경탄할 뿐이다.

둘째, 이 정도 글이라면 나도 쓸 수 있겠는데. 뭐 그리 대단하다는 거지?

이 두 느낌은 내게 아무런 고통도 주지 않는다. 어차피 나의 능력을 한껏 뛰어넘는 존재는 나와 무관한 존재이기도 하니 나의 삶에 관여치 않기 때문이다.

또 인정할 수 없는 허접한 글인 경우에는 더더욱 무시하면 그뿐이다. 그러니 나의 영혼과 두 느낌은 교호交互할 필요가 없는 셈이다.

그러나 세 번째는 다르다.

셋째, 아! 인간이 이렇게 글을 쓸 수 있구나. 온 삶과 정신을 걸고 쓴
글을 이렇게 남기다니! 그렇다면 나는 그동안 무엇을 했는가!
이런 느낌을 받은 글을 읽는 일은 떨리는 일이다. 글이 나의 존재를
넘어서거나 뒤처진 것이 아니라, 내 존재를 관장하면서 함께 가기
때문이다. 끝없이 내 영혼은 충격 받고 상처받으며 기쁨을 느낀다.
게다가 이 글을 쓸 무렵 작가 나이가 서른 즈음이었다니!
《모비 딕》은 그런 작품이다.

더 이상 사설辭說을 붙이는 것은 위대한 작품에 대한 모독이 될
수도 있다.
그러나 마지막 대목에서 내 심장에 못을 박은 한 대목만은
언급해야겠다.
이건 내게 남은 삶, 삶의 지향과도 관계가 깊기 때문이다.

> 나약한 사람들이 자비롭게도 평생에 걸쳐 조금씩 받는 가벼운 고통
> 을 위대한 사람들은 이따금 한순간에 단 한 번의 깊은 고통으로 응축
> 시킨다.[58]

에이해브는 지구에 살고 있는 수백만 명 가운데 혼자 서 있어. 신들도

인간도 에이해브의 이웃은 아니야.[59]

한 늙은이가 다리를 잘리고 부러진 창에 기대어 한 발로 버티고 서 있다. 그것이 에이해브, 그의 육신이다. 하지만 에이해브의 영혼은 백 개의 다리로 움직이는 지네다.[60]

"어떤 자는 썰물에도 죽는다. 어떤 자는 얕은 물에도 빠져 죽고, 어떤 자는 홍수에도 죽는다. 나는 지금 가장 높은 물마루에 도달한 파도 같은 기분일세. 스타벅, 나는 이제 늙었네. 자, 우리 악수하세."[61]

오오, 하느님, 내 몸을 뚫고 지나가는 이것은 무엇입니까. 그리고 나를 냉정하게 하면서도 기대를 품게 하는, 전율의 절정에 못 박아놓은 이것은 무엇입니까? 미래의 일들은 텅 빈 윤곽과 뼈대만으로 이루어진 것처럼 공허하게 내 앞에서 헤엄치고, 과거는 모두 희미해지는구나.
……
인생에서 가장 기묘한 문제들이 분명해지고 있는 것 같다.[62]

사족蛇足
나는 종교를 갖지 않았다. 허먼 멜빌 역시 종교인이라기보다는 종교적 인간이었다. 그러니 내용에 등장하는 '하느님'을 특정 종교의 신으로 여기는 우를 범하지 않으리라 믿는다.

" Both jaws, like enormous shears, bit the craft completely in twain."

—*Page 510.*

《모비 딕》에 수록된 삽화. 고래의 공격을 받고 있는 포경선 모습.

〈뉴욕타임스〉에 게재된 허먼 멜빌의 부고 기사. 우리 글에서는 틀린 표기가 자주 등장하지만, 영어 문장에서는 틀린 표기를 찾기 쉽지 않다. 더 어려운 맞춤법을 가진 영어인데, 왜 그런지 모르겠다. 그런데 아래 기사에서는 가장 중요한 맞춤법이 틀렸다. 바로《Moby Dick》이라는 멜빌의 대표작 명칭을 'Mobie Dick'으로 쓴 것이다. 그러니 우리도 맞춤법 몇 개 틀렸다고 너무 마음 상하지 말 일이다.

3대 비극이면 어떻고 아니면 어떠하리. 다만 내 가슴에 새긴 비극이라고 말할 뿐이다.

*또 덧붙인다 : 2024년 이 책의 개정판이 출간되었다. 역시 믿고 보는 김석희 선생께서 이전 번역본을 수정해서 다시 출간하신 것이다. 참으로 감동이다. 나 같은 속물은 이전 작업은 뒤돌아보지 않고 또 다른 일을 할 텐데…… .

《산성일기》

작자 미상 / 김광순 옮김 / 서해문집

나라가 망하는 데는 얼마나 시간이 걸릴까? 상황에 따라, 시대에 따라, 무엇보다도 지도층의 능력에 따라 다를 것이다. 조선 제16대 왕 인조는 남한산성에서 고작 사십여 일을 버티다 성을 버리고 나와, 청 황제 앞에 세 번 절하고 아홉 번 머리를 바닥에 찧는 수모를 겪었다. 조선이 망한 것은 아니라고? 그렇다면 히로히토가 이끌던 제국 또한 두 방의 원자폭탄을 맞고도 '일본'이라는 국명은 살아남았으니 '일본 패망'이라는 단어를 사용하면 안 되리라. 한겨레로서 뜨거운 피가 흐르는 백성이라면, 그 순간 나라가 망했다는 사실을 받아들이기 힘들 것이다. 그러기에 연전에 낙양의 지가를 올린 김훈의 소설《남한산성》에 새겨진 글자들에서는 뜨거운 피가 흐른다.

그러나 역사는 뜨거운 피를 용납하지 않는다. 소설이 살아남은 자의 감정을 기록한다면, 역사는 죽은 자의 행적을 기록한다. 그러하기에 역사에 흐르는 피는 차갑디차갑다.

> 황금 100냥, 사슴가죽 100장, 담배 천 근, 수달피 400장, 다람쥐가죽
> 200장, 후추 열 말, 흰 모시 100필, 오색 명주 2천 필, 삼베 4백 필, 오
> 색 베 만 필, 베 천 필, 쌀 만 석, 기타 여러 가지.

1639년 가을부터 청나라가 바치라고 조선에 항복의 조건으로
제시한 물건 목록이다. 소설은 뜨거운 감정 속에 이 엄청난
물건들을 묻어버릴 수 있으나, 역사는 눈 부릅뜨고 사실을
기록한다. 나는 이 물건들 목록에서 지도층 잘못 만나 헛되이
죽어간 조선 백성들의 흔적을 확인한다.
역사는 두려운 존재다. '호랑이는 죽어서 가죽을 남기고 사람은
죽어서 이름을 남긴다.'는 금언은 결코 위인에게만 해당하는 말이
아니다. 오히려 역사는 악인의 이름을 더욱 깊이, 그리고 멀리
기억한다. 예수는 "그들은 그들이 하는 일을 알지 못하나이다."
하고 용서해 줄 것을 기도했으나, 역사는 무지無知한 자들조차 결코
용서하지 않는다.
그리하여 임진년壬辰年의 화를 당한 후 역사의 차가운 피를 확인한
광해군이 냉철하게 실리외교를 펼치자, 파병해준 주군主君에 대한
배은망덕을 비판하며 그를 끌어내린 자들은 역사의 처절한 복수를
당하기에 이른다.

청나라 초대 황제 숭덕제 모습.

사실 청나라 시조는 청태조라고 부르는 누르하치다. 하지만, 그는
청나라가 건국되기 전에 세상을 떠났기에 청나라 시조일 뿐, 초대 황제는
그의 아들인 숭덕제(홍타이지)다. 숭덕제는 청태종으로 널리 알려져 있고,
정묘호란과 병자호란의 주인공이기도 하다.

청나라는 숭덕제(1636-1643)-순치제(1644-1661)의 초창기를 거쳐
강희제(1661-1722)-옹정제(1723-1735)-건륭제(1736-1796)의 전성기로
들어선다. 이 무렵 청나라는 세계에서 가장 부유한 강대국이었다고
역사가들은 말한다. 그런 나라를 상대로 의리니 은혜를 떠들면서
저항한 조선 조정을 가상하다고 해야 할지, 세상 물정 모르는
돈키호테라고 해야 할지 모르겠다.

《산성일기》를 기록한 이는 임진왜란과 정묘호란을 통해 분명 관용

없는 역사의 심판을 깨달았을 것이다. 그리하여 그는 단 하루도

빼놓지 않고 남한산성 안에서 일어난 일을 오직 손으로 기록하였다.

이름도, 감정도, 판단도 남기지 않은 채. 그리고 그 기록은 400년

가까이 전해와 오늘, 우리에게 말한다.

"역사를 두려워하라! 너희들의 탐욕과 무지를 결코 잊지 않을 테니,

너희 두 손에 움켜쥔 권력과 왜곡이 잊힐 거라 오해 마라. 역사는

반드시! 반드시 기억한 후 너희에게, 아니 너희 후손에게 되돌려줄

것이다."

21세기가 중반을 향해 달리는 오늘, 그 역사는 다시 우리에게

경종을 울린다. 그러나 귀가 없는 자들은 듣지 않을 것이니, 내가

두려운 것은 오직 역사의 차가운 피다. 감정의 조각 하나 없이

심판을 내릴 바로 그 피.

8,500원! 다국적 커피 1.5잔의 값.

이름 모를 당신께서 저희에게 전해주신 교훈의 가격입니다.

한량없이 죄송합니다.

《세상 종말 전쟁 1, 2》
마리오 바르가스 요사 / 김현철 옮김 / 새물결

이 사진을 보면 무엇이 떠오르십니까?

세상에는 시신의 모습이 예수를 닮은 경우가 때때로 있습니다. -

아, 저는 교회 다니지 않습니다. 그렇다고 예수님을 존경해서는

안 된다는 법칙은 없겠지요. – 이 사진 속 시신 역시 비슷하지
않습니까?

오노리오 부부의 아들 하나가 단순한 감기로 죽고 말았다. 죽은 아이
를 담요로 싸서 땅에 묻고 있을 때, 분홍빛 먼지구름을 일으키며 스무
명의 남녀―그 사람들 속에 사람 얼굴에 네 발로 기는 것 하나와 반
벌거숭이 검둥이 한 명이 섞여 있었다―가 마을로 들어왔다. 대부분
바싹 마른데다 닳아 빠진 수도복을 걸치고 온 세상을 돌아다닌 듯한
샌들을 신고 있었다. 가무잡잡한 키 큰 남자가 무리를 인솔하고 있었
다. 머리는 어깨까지 늘어졌고 두 눈은 수은처럼 빛났다. 남자는 곧장
빌라노바 가족에게로 다가와 시체를 막 구덩이로 내려놓으려던 형제
를 손짓으로 제지했다. "네 아들이냐?" 남자가 근엄한 목소리로 오노
리오에게 물었다. 오노리오가 그렇다고 했다. "이런 식으로 묻을 수
없다." 가무잡잡한 남자가 강력하게 주장했다. "잘 준비하고 잘 보내
야 한다. 천국의 영원한 잔치에 참가하기 위해서는." 오노리오가 항의
하기도 전에 남자는 추종자들을 돌아보았다. "아버지께서 기꺼이 받
아들이시도록 엄숙한 장례를 치르도록 하자." 빌라노바 형제는 순례
자들이 힘을 내, 숲으로 달려가, 나무를 잘라, 못질을 하여, 관을 짜고
십자가를 만드는 모습을 지켜보았다. 손에 익은 능숙한 솜씨였다. 가
무잡잡한 남자가 두 손으로 아이를 안아 관에 안치시켰다. 빌라노바
형제가 묘를 메우는 동안 남자는 큰소리로 기도했고 나머지 사람들

은 십자가 주위에 꿇어앉아 찬송을 부르며 기도문을 외웠다. 잠시 후, 순례자들은 나무 밑에서 휴식을 취한 후에 길 떠날 준비를 했다. 안토니오 빌라노바는 돈을 꺼내 성자에게 내밀었다. "감사를 표하고 싶습니다." 남자는 돈을 무시하고 조롱하듯 쳐다만 보고 있었다. 안토니오는 계속 돈을 내밀었다. "내게 감사할 필요 없다." 마침내 남자는 말을 꺼냈다. "이런 돈을 천 배나 바친다 해도 아버지께 빚진 것을 갚을 수 없을 것이다." 잠시 말을 끊었다가 부드럽게 덧붙였다. "아직까지 계산하는 법을 배우지 못했구나. 아들아." [63]

그는 이런 사람이었습니다.
소설이니 더 멋지게 그릴 수도 있었겠지요. 책 읽다 보면 험난한
시대의 예수로 그를 상정한 듯한 대목이 한둘이 아닙니다.
혼자 몸으로 시작해 후에는 수만 명에 이르는 공동체를 이루었고,
결국 그를 비롯해 무수히 많은 추종자들이 목숨을 잃었으니
그럴듯하지 않습니까?
특히 이런 대목에 이르러서는 그런 가정이 옳은 듯 보입니다.

수 세기에 걸쳐 식물을 키우고 동물을 먹이고 인간을 보호하느라 지친 이 땅은 하나님께 안식을 달라고 청할 것이다. 하나님께서는 그 청을 받아들이시고 파괴가 시작될 것이다. 성경에서 하시는 말씀이 바로 이것이다. '내가 세상에 화평을 주려고 온 줄 아느냐. 내가 너희에

게 이르노니 아니라. 도리어 분쟁케 하려 함이로라.'[64]

그러나 이 책을 기독교와 연관짓는 것이야말로 저자의 의도로부터 멀리 달아나는 것처럼 보입니다. 글쎄, 저도 단언하고 싶지는 않습니다만, 저자 마리오 바르가스 요사 머릿속에 이 작품을 통해 예수님 세상을 이 땅에 구현하겠다는 의도 따위는 한 푼도 없는 듯합니다.

오히려 그따위 세상, 하나님이 꿈꾸는 세상, 모두가 행복한 세상, 민주주의 세상은 없다고 외치는 듯합니다. 그러니 만일 지구상에 그런 세상은 없고, 하나님이 꿈꾸는 세상은 죽어서나 갈 수 있는 곳이라면 요사의 의도가 맞아떨어졌다고 하겠군요.

말 그대로 '세상의 종말을 그리는 전쟁'인 이 마술적 리얼리스틱한 소설은 얼토당토않은 듯하지만, 실제 사건이 배경입니다. 1897년, 브라질에서는 '카누도스 전쟁(Canudos, 1895-1898 카누도스는 브라질 지명이지만, 그곳에 터전을 마련하고 살다가 후에 브라질 정부군 공격을 받고 몰살당한 공동체 사람들은 이곳을 '벨로 몬테Belo Monte', 즉 '아름다운 언덕'이라고 불렀습니다)'이 벌어졌습니다. 이 내전은 - 브라질 정치가들은 한사코 내전으로 부르길 거부하지만. 왜냐고요? 그 진압 과정이 너무나 역겨우면서도 부끄럽고, 결국 가장 잔인하게 끝이 났거든요. 그러니 자신들이 자신들의 국민을

상대로 했다고 하면 비참하지요. 외부 세력이라고 치부해야
그나마 낫거든요. ─출발부터 종말까지 참담했습니다. 오늘날까지
브라질 역사상 가장 잔인하고 치열한 전쟁으로 기억될 정도지요.
그러니 소설 제목《세상 종말 전쟁》은 세상의 종말과 같은
비인간적·비인도적 전쟁이라는 의미와 함께, 예수님과 그를
따르는 이들이 꿈꾼 원시공동체적 세상이 끝난다는 중의적 의미를
담고 있을지 모릅니다.
1888년 브라질에서는 노예제도가 폐지되었는데, 우스꽝스러운
것이 노예제도를 폐지한 것은 왕정이요, 이에 반대하는
세력들(대지주와 지방 토호들이 주류인 이른바 '콜로네레스'
계급이었지요)이 힘을 합쳐 왕정을 무너뜨리고 공화정을 수립했다는
사실입니다. 그러니 브라질 공화정 세력은 처음부터 자신들 이익을
위해 공화정을 수립한 것입니다. 그 결과 적어도 수십 년 동안은
그들끼리 나라를 쥐락펴락할 수 있었습니다. 그럴듯한 정치
방식으로.(하기야 대한민국에서도 광복 이후 늘 선거를 치렀지만, 그 가운데
공화정共和政, 즉 '함께 화합하는 정치'를 추구하고 실천한 시기가 얼마나 될까
심히 의심스러우니 비단 브라질만의 이야기는 아니겠지만)
실제로 카누도스 전쟁을 잔인하게 진압한 '콜로네레스' 계급은
그로부터 40년 가까이 브라질 정치·경제를 장악합니다.

카누도스 전쟁은 그 과정에서 새로운 시대에 부적응한 집단(소설

안토니오를 따르는 사람들이 모여 짓기 시작한 집들의 실제 모습입니다. 진흙과 짚을
섞어 만든 허름한 가옥이지요.

속에서는 종교 공동체이지만 보는 사람에 따라서는 무정부주의자들일 수도
있고, 공동체를 지향하는 봉건적 주민들일 수도 있을 겁니다)이 자율적인
동네, 마을, 촌락, 도시, 지역을 형성해 나가자 이를 못마땅하게
여긴 군부와 공화제 세력이 이들을 희생양으로 삼은 것으로부터
출발합니다. 객관적으로 보자면 전근대적 공동체 사회에 익숙한
이들이, 새로운 체제에 적응하지 못하고 저항한 것이라고
봐야겠지요.
그렇다고 그들을 비난할 수는 없습니다. 이후 전개된 브라질 역사를

보면, 법도 허술하고 민주적 방식도 부족한 전근대적 사회보다 법치를 내세우고 민주적 방식도 도입한 새로운 사회의 착취가 훨씬 심하니까요.

그리고 그 새로운 종교집단을 이끌던 사람이 안토니오 콘셀헤이로(Antonio Conselheiro, 1830-1897), 앞의 사진 속 죽은 인물입니다. 그러니까 실존 인물이지요. 그가 그 시대에 얼마나 민중들에게 큰 영향을 미쳤는지는 땅속에 묻은 그를 파내 저렇게 사진을 찍고 목을 자르고, 해부실로 보내 '도대체 뇌가 어떻게 생겨 먹었길래 수많은 사람을 혹세무민했는지' 조사한 후, 아무도 모르는 바닷속에 던진 군부와 공화국 담당자들이 더 잘 알았을 것입니다. 이런 인물의 무덤을 남기는 것은 훗날 말도 못할 후유증을 남기는 셈일 테니까요.

파괴된 교회 사진 역시 실제입니다. 안토니오 선지자(어이쿠, 저도 모르게 그에게 선지자라는 명칭을 붙였습니다. 책에서 하도 그렇게 읽었기 때문이지요)를 따르는 이들이 카누도스에 모여 마을을 이루면서 가장 먼저 한 일이 저 교회당을 짓는 것이었고, 마지막 공격을 받고 버티다 무너진 건물 역시 저 교회입니다.

이 전쟁에서 적어도 1만 5천 명, 아니면 3만 명 가까운 민중과

정부군의 공격을 받아 파괴된 교회당 모습. 저곳에서 어떤 일이 벌어졌고, 어떤
사람들이 이곳을 최후의 안식처로 삼았는지 소설 속에 아름답게(?) 묘사되어 있습니다.

군인이 죽었다는군요. 그 좁은 지역에서 말이지요.

2010년도 노벨문학상을 받은 마리오 바르가스 요사(Mario Pedro Vargas Llosa, 1936 ~)는 왜 이런 기이한 소설을 썼을까요? 자신의 조국은 페루이고, 그 페루를 끔찍이도 사랑하사 1990년 대통령선거에 출마해 훗날 희대의 모략가로 밝혀진 후지모리(Alberto Fujimori Fujimori, 1938~)에게 차점으로 패할 만큼 애국자인 그가, 왜 브라질을 배경으로 한 소설을 썼을까요? 소설 마지막 장을 덮을 때까지 의문을 품었고, 결국 해결하지 못했습니다.
다만 1천 쪽이 넘는 책을 읽는 내내 다른 일이 손에 잡히지 않았습니다.
그러니 유한계급의 즐거움을 위해 탄생한 소설의 1차 목표는 달성했습니다. 읽는 재미 말이지요.
그러나 그것만으로는 부족했습니다.
전쟁의 시시콜콜한 장면을 5백 쪽 넘게 읽는 일은 지루하면서도 고통스럽습니다. 그럼에도 손을 못 놓는 것은 더더욱 고통스럽지요. 저는 앞으로 전쟁이 일어나면 어느 쪽을 위해서건 절대 총을 들지 않겠습니다. 전쟁 발발로부터 거슬러 올라가면 전쟁 당사자는 그 누구도 옳고, 그 누구도 옳지 않으니까요. 게다가 전쟁은 반드시 결판이 납니다. 그러니 아무도 죽지 않고 결판이 나는 편이 낫지 않을까요. 어차피 수많은 사람이 죽고 다치고 고통받고 끝나느니, 평화롭게 닭싸움이나 동전 던지기로 승부를 내는 편이 낫다는 판단입니다.

게다가 세월이 흐르면 이긴 쪽이나 진 쪽 모두 화해하거나 싸우거나 사라지지요. 그러니 인류가 조금이라도 진보하려면, 이제 고대부터 지속해온 전쟁을 그만둘 때가 되지 않았을까요? 아니면 전쟁이 필요하다고 여기는 지도자들끼리 러시안룰렛도 좋을 듯합니다. 미국 대통령과 러시아 대통령의 러시안룰렛. 보기만 해도 멋지지 않습니까? 세계 평화를 걸고 위대한 인물끼리 담판을 짓는 모습.

그러고 보니 안타까운 인물 하나가 떠오릅니다. 헨리 모즐리(Henry Gwyn Jeffreys Moseley, 1887~1915)라는, 20세기 초 영국에서 가장 똑똑하다는 물리학자인데, 무슨 말인지 이해는 어렵지만 X선 분광학의 개척자이자 주기율표에 담긴 문제를 해결할 실마리가 된 '모즐리 법칙'을 발견했답니다. 그런데 제1차 세계대전이 발발하자 참전하여 고작 28살 나이로 목숨을 잃었습니다. 이때 군부는 그의 재능을 아껴 참전을 만류했다는데, 전쟁을 일으켜 놓고 평범한 사람은 나가 전사해도 괜찮고 똑똑한 사람은 안 된다는 것인가요?

책에 등장하는 인물들을 처음에는 노트에 정리해 나가며 읽었고, 다음에는 책에 형광펜으로 표시해 가며 읽었으며, 마지막에는 그냥 읽었습니다. 워낙 많은 사람이 등장하니까 혹시 이 사람이 누구인지 모를 듯해서였는데, 읽다 보니 주요한 인물은 다 생생하게, 그의 역사까지 알게 되었습니다.

아, 사람이란 한 사람 한 사람이 다 역사구나. 아, 사람이란 한 사람 한 사람이 다 병신(지체장애자 같은 멋진 단어를 작가-인지 번역가인지 모르겠지만-는 쓰지 않고 다 병신으로 표기합니다. 굴러다니는 듯한 꼽추이건, 네 번 접히는 뼈 없는 인간이건, 수염이 온 얼굴을 덮은 여자건, 평생 단 한 번도 여성에게 사랑받아본 적 없는 못생긴 데다가 가진 것도 없는 남자건, 평생의 삶을 혁명에 던지겠다고 여자마저 멀리한 혁명가건, 하느님을 모시겠다고 나선 신부건. 번역가가 지체장애자라는 단어를 몰라서 안 쓴 것은 아니겠지요)이구나, 하는 생각이 떠올랐습니다. 그러고 보면 저 역시 역사이기도 하고 어딘지 모자란 '병신'이기도 할 것이라는 생각을 지울 수 없었습니다.

그렇다면 요사는 이런 소설을 왜 썼을까요? 안토니오 선지자의 운동을 통해 인간 세상이 도대체 어떠한 것인지 한 번쯤 반추해 본 것은 아닐까 싶었습니다. 왜 사람들은 되지도 않는 하느님 이야기에 자신의 모든 것ㅡ정말 희대의 악당도, 장사치도, 신부도, 난쟁이도 모든 걸 버리고 그를 따르거든요ㅡ을 바치고 목숨까지 버리는가? 왜 군인들은 싸우고, 왜 귀족들은 싸우며, 왜 기자들은 기사를 쓰고, 왜 신부들은 기도를 드리는가. 이것이 궁금하지 않았을까요?

마지막으로 한마디. 이틀 만에 이 책을 읽고 나자 '앞으로
허섭스레기 같은 전쟁영화는 거들떠보지도 않겠다. 이제까지 본
전쟁영화를 다 합한 것보다 더 생생하고 재미있는(아, 온갖 죽음이
존재하는 전쟁에서 재미를 찾다니, 제가 인간인가 싶기도 합니다) 소설을
보았으니, 죽지 않는 주인공이 등장하는 그런 영화에서 재미를
찾기란 어려울 듯합니다.

이런 글을 쓸 수 있게 한《세상종말전쟁》과 그 책을 펴낸 출판사에
감사합니다. 마음 아픈 건 이 책을 한 권에 6천 원에 샀다는
사실입니다. 본래 가격이 13,000원인데, 얼마나 안 팔렸으면 절반도
안 되는 가격에 팔았을까? 그것도 초판인데 말이지요.
이 책을 번역하기 위해 적어도 몇 달의 고귀한 시간을 바친
번역가에게 찬사를 보냅니다.

《말의 정의》

오에 겐자부로 / 송태욱 옮김 / 뮤진트리

우선 독후감을 시작하기 전에 사전 경고 한 마디.
이 독후감은 꽤나 길 것이다.

'랑郎'은 '사나이 랑, 낭군 랑, 벼슬 랑'이다. 이 글자는 웅雄(수컷 웅,
두목 웅, 용감할 웅)과 함께 내가 썩 좋아하지 않는 글자다. 왜?
일본인들이 아들 이름에 많이 넣는 글자이므로.
아들과 딸에게 다른 이름을 붙이는 것은 세계적인 문화다. 그래서
세계 어느 나라 사람이건 이름을 듣는 순간 남자인지 여자인지
어느 정도 예상할 수 있다. 물론 우리가 세계화 시대를 살아가는
만큼 세계 여러 나라 사람들의 이름을 자주 접하면서 부지불식간에
남자와 여자 이름을 인식하고 있기 때문일지도 모른다. 그러나
어감에서 오는 느낌이 더 크다고 여긴다.

서양 사람들의 경우에는 성서에 나오는 이름을 자주 사용하는
듯하다. 교회를 안 다녀서 잘 모르지만 하도 많이 접하다 보니
알 듯하다. 요하네스, 요한, 존, 후안, 뭐 이런 이름이 모두
《요한복음》의 복음사가 요한에서 온 것쯤을 모르기는 어렵다.
동양인들도 그렇다. 기본적으로 한자문화권에서 살아왔기에
한자 뜻을 가져와 이름을 짓는 것이 일반적이다. 그런데 유독
일본인들만이 남자라는 글자를 사용하는 듯하다. 그것도 힘찬 남자.
우리도 예전부터 이름에 남男자와 여女자를 많이 사용했다. 순남,
경남, 복남, 순녀, 복녀 등. 그런데 우리는 여성에게도 남男을 붙인
경우가 많다. 결국 우리나라에서는 남男자와 여女자를 말 그대로
'남자'와 '여자'라는 중립적 표현을 사용한 셈이다.
반면에 일본에서 여성에게 랑郞이나 웅雄을 붙인 경우는 건국 이래
없다. 그건 '이 아이는 내 힘찬 아들이야.' 하고 정의하는 이름이기
때문이다.
그러나 모든 아버지가 아들에게 '이 아이는 힘찬 아들입니다.' 하는
뜻으로 이 글자를 붙이지는 않을지 모른다. 오래전부터 그렇게 이름
짓는 풍습이 전해왔으니 관습적으로 붙였을 가능성도 높다.
안 그래도 할 말이 많은 독후감에 왜 이런 이야기까지
늘어놓는지 답답하다만, 노벨 문학상을 수상한 소설가이지만,
노벨 평화상을 받아도 하등 이상하지 않을 만큼 '수컷다운 힘참'
대신 '어머니의 강함'을 실천하는 오에 겐자부로의 한자 이름이

대강건삼랑大江健三郎이라는 사실을 알았을 때의 그 낯섦을
설명하기 위해서다.

성인 대강大江은 분명 그의 조상이 큰 강가에서 살았기 때문에
붙었을 것이다. 우리나라에서는 신라, 나아가 중국의 영향으로
한 글자 성이 일반적일 뿐 아니라 그 성들은 같은 핏줄을 나타낼
뿐 특별한 의미를 갖지 않는다. 그래서 이를 구분하기 위해
본관本貫이라는 것을 붙인다. '김해金海 김金'씨는 김해 출신인
셈이다. '경주慶州 최崔'씨는 경주 출신이고.

반면에 세계 여러 나라에서는 조상의 직업에서 비롯한 성, 그리고
그가 살던 마을이나 지명을 따서 성을 만든 경우가 대부분이다.
여하튼 오에 겐자부로의 이름은 온통 힘차고 강건한 내용으로
가득하다. '큰 강(아무래도 작은 강보다는 훨씬 강해 보이지 않는가?)',
'튼튼할 건健', '세 번째 사나이.'

그러나 에세이집《말의 정의》에 나오는 오에 겐자부로는 한없이
수줍고 약하며, 단어 하나에 인생을 걸고 음악의 음표를 밤새워
곱씹는 여린 인간이다. 그뿐이랴. 고등학교 때 처음 한 교수의 글을
접한 후 '나도 이 사람을 따라 불문학자가 되고야 말리라.' 하는
다짐을 하고 재수한 끝에 그 교수가 가르치는 대학에 입학했지만,
결국 그 교수로부터, 학자로서의 능력이 뛰어나지 않다는 평가를
받고 그만둔, 능력도 부족하고 그렇다고 그런 평가를 능히
극복하고야 마는 '진짜 사나이'도 아닌 나약한 인간에 불과하다.

하지만 오에 겐자부로의 뛰어남은 바로 이곳에서 출발한다.

자신이 다루는 단어 하나하나를 정의하는 데 병적으로 집착하며,

읽은 책 가운데 기억할 만한 내용은 메모지에 기록해 평생

간직하는 이 기이한 인간이, 선천적 장애를 안고 태어난 장남을

결국 뛰어난 작곡가로 키우고(사실 그가 키운 것은 아니고 주위 사람들

덕분에 그의 잠재력을 발견했을 뿐이다. 그는 아들과 큰 갈등을 겪으면서

상처를 주기도 한다), 또 평생에 걸쳐 핵(핵무기뿐 아니라 우리나라의

'뛰어난' 정치인과 관료, 교수들이 부르짖는 '한도 끝도 없이 안전한' 원자력

발전까지를 포함한다) 반대 운동, 그리고 미군기지가 위치한 오키나와

반환 운동의 맨 앞줄에 나서며, 나아가 태평양전쟁 때 저지른

수많은 일본 제국주의의 폐해를 드러내고 그 희생자들 편에 서서

싸우는 모습에서 나는 진짜 '강한 남자'를 발견한다.

그러나 오에 겐자부로의 진짜 '강함', 아니 '힘'은 다른 곳에 있다.

그건 태평양전쟁을 일으킨 제국주의의 영혼과 바람을 그대로 이은

자민당이 평생 집권하는(물론 중간에 아주 잠깐 비자민당이 집권한 적이

있지만 무시해도 될 정도다) 나라에서 지치지 않고, 변하지도 않고,

절망하지도 않으며 끊임없이 자민당의 대척점에서 힘차게 살면서,

그것도 모자라 끊임없이 행동한다는 사실이다.

어느 정도냐 하면 보수파가 매우 싫어하는 사실들을 고발하는 글과

강연을 지속적으로 펼쳐 결국 피소被訴당하기까지 하는데 말이다.

사실 우리나라 같으면 상상도 할 수 없는 일이다.

노벨 문학상 수상 작가를 '나라의 명예를 훼손했다'는 이유로
고소를 한다?

이걸 "아무리 공로를 세운 사람이라도 타인의 명예를 훼손하면
성역 없이 처벌해야 한다."라는 민주적 사고로 보아야 할지,
"나라의 명예'를 훼손하면 그 누구도 애국자의 처벌을 피할 수
없어!" 하는 극단적 내셔널리즘(국가주의 또는 애국주의라고 해석할 수
있겠다)으로 보아야 할지 알 수 없지만 말이다.

여하튼 그렇게 보면 그의 이름은 제대로 붙은 것일지 모른다.

이 책은 소설이 아니라 산문이다. 본래는 신문에 연재한 칼럼이니까
한 편 한 편이 독립적이기도 하다. 그러나 책을 읽다 보면 전체 글,
나아가 오에 겐자부로의 삶을 관통하는 의미가 무엇인지 알 듯하다.
구체적으로는 선천적 장애를 가지고 태어난 아들 오에 히카리에
관한 내용, 자신을 법정에 서게 한 오키나와 전투 관련 내용, 성인이
된 후 평생에 걸쳐 끈질기게 펼쳐온 반핵운동 내용, 그리고 글을
쓰고자 하는 이들을 위한 조언, 마지막으로 자신의 활동과 관련한
내용을 들 수 있다.

독자에 따라서 위 내용 가운데 어디에 방점을 찍을지는 다를
것이다.

나는 모든 내용에 방점을 찍었다. 그만큼 평생 책을 읽고 책을

만들면서 살아온 자에게 주는 울림이 컸기 때문일 것이다.

그 가운데 나를 사로잡은 내용이 있다.

> '문장에서 주어를 감추고 수동태 문장으로 만들어 앞뒤를 맞춤으로써
> 문장의 의미를 모호하게 한 것입니다.
> 이는 일본어를 사용하는 우리가 빠지기 쉬운 과오, 때로는 의식적으
> 로 당하는 확신범의 속임수입니다. 여러분은 이러한 인용을 고쳐 씀
> 으로써 자신을 단련해야 합니다.'[65]

꽤 오래전부터 우리말이 수동태의 함정에 빠지는 세태가 안타까워
《우리말은 능동태다》라는, 책이라고 하기보다는 팸플릿을 써서
출간한 적이 있다. 사실 이건 출간하려고 쓴 게 아니라 널리
보급하려고 쓴 것인데, 얼떨결에 고작 수십 쪽짜리 책으로 출간되어
내 의도에서 한참 벗어나고 말았다.

우리말에는 수동태가 없다. 우리 조상들은 세상 모든 일의 행위는
사람이라고 여겼다. 그래서 특별히 주어를 표기하지 않는다. 주어가
없다 보니 서양, 특히 영어의 문장 구조와 달랐고, 영어를 비롯한
서양 언어의 번역에서 문제가 발생하기 시작했다. 결국 서양
언어를 번역한 글을 출간하면서부터 우리말에 수동태가 범람하기
시작한다(이 문장 역시 잘 쓴 것은 아닐지라도 비문非文이 아님은 분명하다.
그런데 이 문장의 앞부분에는 주어가 없다. 주어는 당연히 사람-출판인이

되었건, 편집인이 되었건 번역자가 되었건-이다. 그러나 영어 문장이라면 이런 문장은 결코 용인될 수 없다).

'오마도 간척지는 아직도 마무리가 지어지지 않고 있었다.'[66]

"고대 제빵의 역사 초기에는, 화덕 안에서 반죽이 커지면서 만들어지는 빵이 어머니의 자궁에서 아기가 자라는 것만큼이나 신비롭게 여겨졌던 때도 있었다고 하지만, 그들에겐 '잘 알려진' 음식이다."[67]
(이 문장에만 해도 수동태가 '커지면서', '만들어지는', '여겨졌던', '알려진' 등 네 표현이나 있다. 당연하다. 주어가 없는 우리 문장을 주어가 있어야 하는 문장처럼 쓰게 되면 사람이 사라졌으니 주어를 사물이 대신하게 되고, 이는 당연히 무수한 수동태의 사용으로 이어질 수밖에 없다)

이청준이나 김용석이나 우리 글을 잘 쓰는 것으로 정평이 난 분들이다. 내가 이분들 글을 인용한 것은 지금부터 100년 전에는 우리말에 없던 수동태가 얼마나 자연스럽게 스며들었는지 보이기 위해서일 뿐 이분들의 글을 폄하하려는 의도는 하나도 없다. 이분들 글이 이 정도일진대 장삼이사의 글에서는 말할 필요도 없다.
그런데 이러한 내 우려를 오에 겐자부로가 제대로 지적하고 나선 것이다.
'도로변이 버려진 쓰레기로 가득하다.'라는 표현 대신 '도로변이

버린 쓰레기로 가득하다.'라고 해야 한다고 나는 끊임없이 외쳤다.
물론 아무도 들어주지 않지만. '버려진'이라고 하는 순간 죄는
쓰레기가 져야 한다. 반면에 '버린'이라고 표현하면 버린 사람들이
죄인이다. 누가 죄인인가? 도대체 누가 바뀌어야 하는가?

그런데 책을 읽다 보니 오에 겐자부로에게 미안한 마음이 드는
부분이 있었다.

> '가족이 카드로 축하의 뜻을 전하는 습관을 비웃는, 우리에게 향해진
> 어느 여성 시사평론가의 칼럼을 읽고, 말을 입으로 할 수 없는 사람이
> 쓴 수년 간의 카드를 기초로 단편을 쓴 적도 있습니다.'[68]

> '저는 제 나이 75를 쓴 깃발도 그려져 있는 카드를 넣어두는 김에 미
> 발표 상자에 담긴 작품 몇 개를 읽어보았습니다.'[69]

다시 한번 오해를 방지하기 위해 말씀드리자면 이 책의 번역은
매우 뛰어난 편이다. 그런데도 위와 같은 수동태 표현이 적잖이
등장한다(위 문장 외에도 상당히 많다). 그러니까 이 책의 번역을
비판하기 위한 것이 아니라는 말이다.
나는 위 표현을 보면서 번역자보다는 출판사 편집자에게 아쉬움이
더 컸다. 이 책을 읽다 보면 오에 겐자부로가, 수동태가 일반적인

일본어에서도 수동태를
사용하는 위험을 지적했다는
사실을 일찌감치 알게 된다.
앞서 수동태와 관련한 문장은
75쪽에 등장하니까. 하물며
우리말에는 수동태가 없지
않은가 말이다.
그런데 책의 뒤편에서 이런
표현이 등장하는 것은
편집자가 찾아내야 했다고
보는 것이다.

오에 겐자부로(1935-2023) 모습.
세상을 떠나기 1년 전인 2022년에 찍은
사진인데, 온 세상의 간난신고는 다 겪은
듯한 표정이다. 실제로 그랬다. 자민당
정권이 끝나는 모습, 극우파가 사라진
세상을 한 번 살아보고 떠났으면 좋았을
텐데……

본의 아니게 책을 만든 분들을
비판하게 되었는데, 그렇게
협소한 시각으로 바라보지
않았으면 좋겠다.

오늘날 우리는 눈을 떠서 감을 때까지 '보여지고' '만들어지고'
'쓰여지는' 시대를 산다. 이런 시대는 우리 겨레의 역사에 없었다.
우리 겨레는 '보고' '만들고' '쓴'다. 이렇게 수동적인 삶을 살다
보면 향후 우리 후손들은 '먹어지고' '읽어지고' '들어지는'
시대를 살지도 모른다. 지금은 어색하기 그지없는 표현들이며

"당신의 억지"라고 일컫겠지만, 과거에는 '보여지고' '만들어지고' '쓰여지는' 표현도 없었다.

사실 본론은 문장의 수동, 능동이 아니다.
오에 겐자부로는 그 자신이 시대를, 사회를 수동적으로 사는 대신 능동적으로 살고자 노력한다. 그 삶이 책 속에 고스란히 담겨 있다. 아무리 힘들어도 행동에 나서야 할 때는 멀고 먼 길을 찾아 시위대 앞에 서고자 길을 나선다. 그는 언급하지 않았지만 노벨 문학상을 받은 소설가라는 명성을 시위대가 십분 활용하도록 부추긴다.
얼마나 멋진가? 노벨 문학상이 세상을 바꾸는 무기로 전환하는 순간이다. 이때 노벨 문학상은 명실상부 세계 최고의 문학상이 될 것이다.

더 쓰고 싶은 내용이 가득하다.
그러나 더 쓰다 보면 독후감이 아니라 한 권의 쓸데없는 책이 될지도 모른다. 그래서 이쯤에서 멈춘다.
그러나 오에 겐자부로 덕분에 '오키나와 전투'를 배웠고, 나 정도 되는 인간은 삶에서 무언가를 이루지 못했다고 아쉬워할 필요가 없다는 사실을 깨달았다는 말은 꼭 하고 싶다.
나는 늘 '내가 세상을 위해 무언가를 해야 한다'는 강박관념을 안고 살았다. 그런데 그게 만용임을 깨달은 것이다. 나는 그런 능력도

의지도 없었음을 인정할 수밖에 없다.

우리는 그를 비롯한 천재들이 닦아 놓은 길을 따라가는 것, 그들이 꿈꾼 세상을 앞당기는 데 작은 힘이나마 보태는 것 외에 더 이상 바라면 안 된다.

《죽은 이들의 뼈 위로 쟁기를 끌어라》

올가 토카르추크 / 최성은 옮김 / 민음사

먼저 책을 다 읽을 때까지 제목을 외우지 못했다는 고백부터
하겠다. 지은이는 두말할 나위도 없고.
그러니까 향후 누군가가 이 책에 대해 묻는다면 나는 아마
지은이와 책 제목을 말하지 못할 가능성이 크다.
그러나 누가 뭐라고 해도 이 책은 내가 읽은 소설 가운데 열 손가락,
아니 스무 손가락 안에 들어갈 것은 틀림없다. 그만큼 재미있고, 줄
많이 그었고(줄을 많이 그었다는 것은 나중에 잘난 체를 하기 위해 표시해 둔
것일 수도 있고, 공감한 대목이 많다는 말일 수도 있다), 많은 것을 생각한
책이다.

책에 대해 이야기하기 전에 또 할 말이 있다.
오늘날 대한민국에서는 대학이 취업학원이 된 지 오래다. 그래서
기초과학과 순수인문학 분야 학과(예를 들자면 한이 없겠지만

불어불문학과니 독어독문학과 같은 다양한 외국문학 관련 학과를 비롯해, 철학과, 사학과, 물리학과, 화학과, 천문학과 같은 학과는 대부분 사라진 반면 그 자리를 뷰티케어학과니 실용음악과, 항공서비스학과, 호텔외식학과, 애견뷰티과 등이 대신한다).

나는 이런 분야의 학식이 필요 없다고 하는 말이 아니다. 그러나 세계 어느 나라 대학에 이런 학과가 있는지 모르겠다. 이건 공연히 젊은이들의 시간과 돈(어쩌면 그 젊은이들 부모님의 몫일 테지만)을 탈취하는 행위에 지나지 않는다. 대학 졸업장이 없으면 사람대접 못 받는 우리나라의 학력지상주의 탓이기도 하고, 또 쓸데없이 많은 대학을 허가해 놓은 과거 위정자들 잘못 때문이기도 할 것이며, 졸업장에 따라 천차만별의 급여를 지급하는 기업의 문제일지도 모른다.

지금이라도 대학은 학문하는 곳, 기능 전문 교육기관은 취업을 위한 전문지식 수련을 담당하는 바른 길을 찾기 바라는 마음 굴뚝같다. 대학은 말 그대로 4년 내내 공부할 준비(대부분이 책을 읽는 일일 텐데, 오늘날 교재조차 안 사는 대학생이 넘친다는 사실은 그들이 공부하기 위해 대학을 간 것이 아님을 웅변하는 사례다)가 된 친구들만 가야 한다. 돈벌이는 안 되더라도 평생 책 읽으면서 살아갈 준비가 된 친구들 말이다.

반대로 좋은 직장에 취업해서 돈을 많이 벌고 성공을 꿈꾸는 사람은 직업 전문 교육기관을 이용해야 한다.

사실 이렇게 대학이 취업학원이 되어가면 피해를 보는 것은
엉뚱하게 나라의 미래를 위해 반드시 양성해야 할 기초학문, 인문학
분야다. 취업을 위한 과를 만들다 보면 당연히 이런 과는 사라질
테니까.

그런데 "얘는 왜 소설책 한 권 읽고 이런 진지한 개소리를 하는
거야?" 하고 의아해하실지 모른다.

이 소설은 폴란드 출신 노벨문학상 수상자인 올가 토카르추크
(1962-)의 작품이다. 그리고 그는 이 작품을 폴란드어로 썼다.
으흠, 그렇다면 이 작품을 어떻게 번역했을까? 독일어, 프랑스어
전공하는 친구들 찾기도 어려운 이 시절에 말이다. 혹시 영어판을
번역한 건 아닐까? 아니다.
최성은 한국외국어대학교 폴란드어과 교수가 번역하였다.
그렇다. 이런 시대에도 폴란드어를 전공하는 교수와 그분이
지도하는 학생들이 존재하는 것이다.
'폴란드어 전공해서 어떻게 먹고살아요?'
이렇게 질문하는 젊은이가 태반일 것이다.
'폴란드어뿐 아니라 이누이트어(에스키모 일부가 사용하는 언어)를
전공하고도 먹고사는 문제가 해결되는 나라가 선진국이지, 온
시민이 지갑이 두툼해 맛집 찾아다니는 나라가 선진국은 아니다.

우리에게는 낯설겠지만.'
제2차 세계대전이 끝나고 완전히
폐허에 파묻힌 일본은 한국전쟁을
거치면서 미국의 지원을 받아
경제적으로 급속히 성장한다.
남은 것이라고는 원자폭탄이
남긴 방사능 오염밖에 없던
일본이 놀라운 경제성장을
거두자, 서양인들은 그런 일본을
비하하고 싶었다. 그래서 붙인
별칭이 '경제적 동물(Economic

올가 토카르추크
위키피디어 Harald Krichel

animal)'인데, 오직 돈밖에 모르는 동물이라는 의미로 썼을 것이다.
그렇다면 오늘날 대한민국 국민들은 '경제적 동물'이 아니고
정치적 동물일까. 문화적 동물이 아님은 분명하니 말이다. 1인당
GDP 3만 불을 넘어 4만 불을 향해 가는 세계적으로도 높은 수준의
소득을 어떻게 하면 합리적으로 배분할 것인지보다, 1인당 GDP가
1만 불이라도 나는 10만 불을 벌어야만 숨을 쉴 수 있는 분위기
속에서 우리는 살고 있는 것이 아닐까.

내가 이 소설의 마지막 장을 넘기는 순간 머릿속에 가장 먼저
떠오른 것은, 옮긴이 최성은 교수에게 감사하는 마음이었다.

그리고 앞으로 30년 후에는 이런 소설을 읽기도 힘들겠구나 싶었다.

각설하고却說-('더 이상 헛소리는 그치고'라는 뜻이다) 소설로 돌아가자.

올가 토카르추크는 매우 실천적인 소설가임이 분명하다. 그런데 왜 이 소설이 이리 재미있지? 일반적으로 현실참여적인 작품은 목소리는 높은 반면 재미는 없는 편인데, 이 소설은 끝까지 눈을 뗄 수 없게 만든다.
한 가지 아쉬운 점은 우리에게 낯선 점성술의 깊은 의미가 등장한다. 그 대신 사주나 음양오행이 나왔으면 더 흥미로웠을 텐데. 그래도 이제껏 가장 신비롭게 여겼던 토성보다는 목성을 좋아하게 되었다. 그렇다고 토성이 사라질 리는 없으니, 이 소설을 읽은 분들은 목성을 선택하시라. 그 대신 토성을 다른 분, 특히 위층에서 하루가 멀다 하고 층간소음을 일으키는 이웃, 내가 들어가려는 순간 쏙 들어가는 얌체 주차꾼, 내 돈 떼어먹고 전화 안 받는 중학교 동창 등에게 양보하자. 토성을 양보하면 어느 누가 싫어하겠는가. 고리까지 소유한 멋진 행성을.

이 소설이 서사적인 작품인지, 서정적인 작품인지, 자전적인 작품인지, 추리적인 작품인지 분류하는 것 자체가 스포일러다.

그래서 장르도 이야기할 수 없다.

나는 본래 옮긴이의 말이나 해설을 절대 읽지 않고 직접 소설로 들어간다. 당연하다. 그런 것 읽으면 한 쪽 한 쪽 넘길 때마다 새로운 세계로의 탐험이 불가능하기 때문이다. 그건 해설자나 옮긴이가 이미 한 번 밟은 발자국을 따라가는 것밖에 안 된다. 그래서 나는 내용으로 직진한다.

당연히 다른 작품들과 마찬가지로 이 소설에 대해서도 줄거리나 또 다른 정보를 드리지 않는다.

그러나 내가 줄거리나 정보를 드리는 경우가 없지 않다. 그런 경우는 이런 말이다.

"이 소설은 찾아서 읽을 필요까지는 없을 듯합니다. 그냥 이 정도 정보로 만족하시길."

앞서 이 소설을 읽으면서 줄을 많이 그었다고 한 바 있다. 그 가운데 몇 대목을 전한다. 이건 이 소설의 정체성을 파악하는 데는 아무런 도움이 되지 않는다. 그러니 스포일러가 아니라는 말씀이다.

이런 보석이 숨어 있으니, 시간 나면 꼭 읽어보시라는 것이다. 견물생심見物生心 아닌가.

　　나쁜 꿈을 처리하는 오래된 방법은 화장실 변기에 대고 그 꿈을 큰 소

시인이자 화가인 윌리엄 블레이크(William Blake, 1757 – 1827)의 시집
〈순수의 노래〉와 〈경험의 노래〉의 표지. 환상과 신비의 세계에 몰입한
그는 여러 권의 시집, 잠언집과 함께 단테의 〈신곡〉, 밀턴의 〈실낙원〉
등에 삽화를 그리기도 하였다. 〈죽은 이들의 뼈 위로 쟁기를 끌어라〉의 각
장은 블레이크의 시구로 출발한다. 그렇다고 소설이 신비를 다루는 것은
아니고 신비로운 현실을 다룬다.

리로 말한 다음, 변기의 물을 내리는 것이다. [70]

열 살이 넘은 아이들은 어른들보다 훨씬 혐오스러웠다. 그 또래 아이들에게는 개성이 없다. 뼈가 굵어지고 어쩔 수 없이 사춘기를 겪으면서, 점차 남을 의식하고 남들처럼 살고 싶어 하는 아이들의 모습을 나는 보았다. 간혹 존재의 새로운 상태에 저항하며 내적인 투쟁을 하는 아이들도 있었지만 결국은 거의 모든 아이가 굴복했다. [71]
(정말 공감했다. 결국 기성세대가 그렇게 키우는 것 아닐까 싶기도 하지만, 여하튼 작가 말대로 '그렇게 되고 나면 나는 아이들과 접촉이나 연락을 하지 않'고 싶을 것이다.)

인생의 한순간을 잘게 쪼개어 자세히 들여다보면 공포에 질려 숨이 막혀 버릴지도 모른다. 몸 안에서 끊임없이 분열이 일어나면서 우리는 머지않아 병을 앓고, 죽을 것이다. 사랑하는 사람들은 우리를 떠날 것이며, 그들에 대한 기억은 극심한 혼란 속에서 점점 사라질 것이고, 결국엔 옷장 속의 옷 몇 벌, 이미 알아볼 수 없게 된 누군가의 사진들만 남을 것이다. 그렇게 가장 소중한 추억은 흩어져 버리고, 모든 것이 어둠 속으로 가라앉고 자취를 감추겠지. [72]

그 외에도 많은데, 혹시 저작권 침해로 피소당할지 몰라서 그만 한다.

시간이 나면 최성은 교수에게 감사의 편지라도 쓸까 한다.

《진리의 발견》

마리아 포포바 / 지여울 옮김 / 다른

이 책의 독후감을 어떻게 시작해야 할지 모르겠다.

책을 읽다가 눈물을 흘리다니! "남자가 흘리지 말아야 할 것은 눈물만이 아닙니다."라는 터무니도 없는 화장실 경구警句가 난무하는 이 나라에서 '남자'가 고작 글자 따위를 읽다가 눈물을 흘리다니! 나는 새벽 세 시에 책을 읽다가 눈물을 흘리고는 깜짝 놀라 주위를 살폈다. 혹시 누군가 눈물 흘리는 나약한 '남자'를 훔쳐보면서 비아냥거리지는 않는지 두려웠기 때문이다.

이 책을 구입한 곳은 파주출판도시 내에 있는 서점이었는데, 책을 서점에서 구입하기보다는 주로 인터넷에서 구입하는 나(뿐만이 아니라 많은 사람이 그럴 텐데)로서는 서점에서 직접 책을 펼쳐보면서 수십만 원어치 책을 사 들고 온 것이 오랜만이었다.

그렇다면 왜 서점을 가지 않느냐고 반문하실 분이 많을 것이다.

맞다. 가능하면 서점에 가서 책을 구입해야 한다. 그래야 그 책을
읽을 눈의 주인으로서 직접 그 책을 확인하고 구입할 수 있기
때문에 가장 효율적일 뿐 아니라 시행착오를 줄일 수 있다. 그래도
변명할 수는 있다.

오늘날 서점은 과거 서점과는 사뭇 다르다. 우선 신간이 '너무'
많다. 그러니 서점의 진열대는 수많은 신간을 진열하기에도
부족하다. 그리고 그 진열대를 채우는 많은 책은 시류를 타는
책들인 경우가 흔하다. 내가 좋아하는 책은 그런 방식으로 유통되고
보급되는 경우가 흔치 않으니, 그런 책을 찾기 위해서는 넓은 서점
곳곳을 누벼야 한다. 게다가 신간 가운데 현대의 고전이 될 책을
고르는 일 또한 쉽지 않다. 그래서 효율이 떨어지는 듯하다.

그래서 날 잡아서 인터넷 서점에서 책을 고르는데, 이때 책을
고르는 방식은 기존의 독서 과정에서 접하게 되는 작가, 저자, 주제,
관심사 등을 중심으로 다양한 책을 미리 본 다음 선택한다. 다른
하나는 신문의 서평을 유심히 살펴보면서 보고 싶은 책을 고르고,
그 과정에서 선택한 책의 저자나 관련 분야의 책을 또 고구마 줄기
캐내듯 찾는 방식이다.

그러나 무엇보다 큰 이유는 척추관협착증 때문이다. 쉽게 말해서
오래 서 있거나 걷다 보면 허리와 다리가 무척 아프다. 그러니
가능하면 그런 자세를 피하게 된다. 이렇게 오래 살아서 무엇한단
말인가?

그날도 허리가 아파서 한 권에 1분도 채 되지 않는 시간 동안 훑어본 후 적절한 책을 골랐다. 게다가 이 서점 역시 영리를 목적으로 운영하겠지만 그 정도가 덜해서, 각 출판사가 출간한 책을 분야별로 진열한다. 모든 서점이 그러하지만 이 서점은 특정 출판사 책을 함께 진열한다는 특징이 있다. 그러니 특징을 가진 출판사 책을 훑어보기에 적절하다.

그런데 꽤 많은 책을 구입해 온 나는 두 번째로 이 책을 펼친 후 서너 쪽도 채 읽기 전에 그날 많은 책을 구입한 노력을 이 책 한 권이 벌충해 줄 것을 깨달았다.

> 우리는 평생 우리 존재가 어디에서 끝나는지, 나머지 세계가 어디에서 시작되는지 알고자 애를 쓰며 살아간다. 우리는 존재의 동시성에서 삶의 정지 화면을 포착하기 위해 영원, 조화, 선형성이라는 환상에, 고정된 자아와 이해의 범위 안에서 펼쳐지는 인생이라는 환상에 기댄다. 그러면서 줄곧 우리는 우연을 선택이라 착각한다. 어떤 사물에 붙인 이름과 형식을 그 사물 자체라 착각한다. 기록을 역사라 착각한다. 역사는 실제로 일어난 일이 아니며, 판단과 우연의 난파 속에서 살아남은 것들에 불과한데도.[73]

사실 이 애매모호한 정의는 책의 마지막 장을 덮기 전에는 깊이와 닿지 않는다. 인생이 왜 환상에 불과한 것인지, 우리가 선택한 것들이 알고 보면 왜 우연이라는 건지, 역사는 없고 오직 기록만 있을 뿐이라는 이 당돌한 정의를 선뜻 받아들이기 어렵다.

그러나 책의 마지막 장을 덮고 나면 이 말이야말로 진리임을 깨닫게 된다. 그래서 책 제목이《진리의 발견》이리라.

혹시 오해하는 분들을 위해 말한다면 이 책에서는 '진리'라는 철학적 개념도, 과학적 증명도 없다. 그러니까 이 책 제목 속의 '진리'는 이 번역본 책을 출판한 출판사의 작명作名일 뿐이다. 책의 원제原題는《Figuring》인데, 내 짧은 영어 실력으로는 도무지 무슨 말인지 모르겠다. 그래도 책에 감명을 받은 독자로서 한마디 한다면 '모습'이라고 했을 듯하다.

구차하게 '진짜 모습'이니 하는 형용사 없이 그냥 '모습'이라고 했을 것이다. 이는 책 속에서 인간이라는 존재의 참 모습을 읽을 수 있을 뿐 아니라, 우리가 쉽게 상상하는 인간이라는 형이 거짓임을 아프게 깨닫기 때문이다. 그러니까 '모습'을 확인하는 과정에서 우리는 우리의 눈과 인식 뒤에 존재하는 '진짜' 사람의 위대함을 깨닫는다는 말이다.

그래도 번역본의 제목이 더 나아보인다.

책은 근대를 여는 천문학자 가운데 한 사람인 케플러(Johannes Kepler, 1571-1630)로부터 출발한다. 그러나 이후 등장하는 인물들은 역사가 '크게' 기억하지 않은 여성들이다. 물론 모든 등장인물이 '작게' 기억되는 것은 아니다. 오늘날 모르는 사람이 거의 없을 환경보호의 선구자 격인 레이첼 카슨도 등장하니 말이다. 그러나 역사는 일반적으로 여성을 남성에 비해 확실히 작게 기억하는 것은 맞는 듯하다. 책에 등장하는 인물 가운데 여러 사람을 책 좀 읽는다는 나도 모르니 말이다.

"당신이 무식한 거요."

"당연히 제가 무식한 거지요. 그렇지만 오늘날 대한민국에서 마리아 미첼이나 마거릿 풀러, 윌리어미나 플레밍과 해리엇 호스머를 아는 유식한 사람이 얼마나 될까요?《바람과 함께 사라지다》를 쓴 마거릿 미첼이나 페니실린을 발견한 알렉산더 플레밍은 알지만 말이에요."

그런데 이렇게 전혀 몰랐던 인물들의 전기도 아니고 평전도 아닌, 그들과 나머지 많은 사람들의 얽히고설킨 이야기를 읽다가 눈물을 흘렸으니 나의 당혹감이 얼마나 컸겠는가.

그래서 누가 뭐라고 하기 전에 나는 내가 얼마나 무지한지 다시 한번 깨닫게 되었다.

그리고 덧붙이자면 모든 소수자, 인종적 소수자, 국적의 소수자, 성소수자, 종교적 소수자를 유별난 사람으로 대하는 사회적 분위기야말로 가장 먼저 사라져야 할 분위기라고 여긴다. 이 책에 등장하여 세상을 바꾸고, 사람을 바꾸며, 역사를 바꾸었으며,

인류의 한계를 넓힌 이들 대부분이 그런 소수자이기 때문이다. 사실 이들이 놀라운 노력과 지능을 통해 큰 업적을 이루지 않았다면 이들 역시 사회의 뒤안길에서 부정적 눈총만 받다가 사라졌을 것이다. 역사가 기록하지 않은 얼마나 많은 사람이 그렇게 사라져갔을까. 아니, 지독한 저항정신과 지겨운 인내력을 갖추지 못한 평범한 성품의 뛰어난 사람들이 위대한 업적을 이룰 기회를 놓치고 사라져갔을까.

그러니 여성들이 이 정도라도 교육받고 활동할 수 있는 시대를 살아가는 우리 모두는 얼마나 다행인가. 왜 여성들이 아니고 우리 모두냐고?

여성들의 사회적 활동에 제약이 사라지고 남성과 동등한 대우를 받는다는 것은 사회의 절반인 여성에게 유리한 것이 아니다. 그 여성들이 이룬 성과는 사회를 구성하는 모든 이들에게 돌아가니 당연히 우리 모두가 혜택을 받는 것이다. 아직도 여성을 위해 남녀평등이 이루어져야 한다고 여기는 분이 있다면 재고할 필요가 있다. 나는 나보다 뛰어난 여성, 이를테면 레이첼 카슨이나 윌리어미나 플레밍, 엘리자베스 브라우닝이 이룬 성과를 내가 누릴 수 있게 된 데 무한한 감사를 느낀다. 여기에 무슨 여성과 남성이라는 단어가 개입하며, 성다수자와 성소수자, 무신론과 유신론 따위가 존재한단 말인가.

아직도 그러한 편가르기 방식의 사고를 하는 분이 계시다면 레이첼 카슨이 남긴 불후의 환경서《침묵의 봄》과 관련된 다음 내용을 읽어보시기 바란다.

> 마침내 살충제에 대한 비판이 공산주의자들의 음모라는 주장이 나오기에 이르렀다. 캘리포니아에 사는 어떤 남자는 〈뉴요커〉에 보낸 편지에서 카슨이 공산주의자라는 비난을 그대로 답습하며 진지한 태도로 이렇게 덧붙였다. "우리는 새나 동물 없이도 살 수 있다. 하지만 현 시장의 불황이 보여주는 대로 기업 없이는 살 수 없다."
>
> …….
>
> "곤충에 대해서 말인데, 벌레 몇 마리가 죽는다고 무서워하는 건 정말 여자나 할 법한 것이 아닌가요? 우리가 수소폭탄을 갖고 있는 한 별일 없을 겁니다."
>
> 추신:그 여자는 아마도 평화광인 게 틀림없어요.[74]

솔직히 말하자면 나 역시 그 남자와 마찬가지 생각이다. 그래서 미국의 벌레를 죽이기 위해 살충제를 사용하는 대신 수소폭탄을 터뜨려 일거에 해결하기를 진심으로 바란다. 우리는 그냥 모기향 정도로 만족할 테니까.

그리고 미국 언론이 한마디 하면 사족을 못 쓰는 '글로벌' 기자들에게는 다음 내용을 전한다.

제대로 된 언론사는 대부분 카슨의 편을 들어주었지만 화학회사가 내놓은 입장을 앵무새처럼 따라 하는 언론도 몇 군데 있었다. 화학회사는 공교롭게도 가장 돈벌이가 되는 광고주였기 때문이다. 〈이코노미스트〉는 아무도 이 책(《침묵의 봄》)을 진지하게 받아들이지 않을 것이며 이 책이 일으킬 유일한 결과는 카슨이 "신뢰할 수 있는 과학 저널리스트"의 명성에 흠을 입게 되는 것일 뿐이라는 예측을 내놓았다. 〈타임〉은 1년 전에 발표되어 그 이후로도 계속 논쟁거리가 된 DDT의 안전성에 대한 연구 결과를 인용하며 DDT가 "무해"하다고 주장했다. 또 이 책이 "불공정하고 편파적이며 히스테리적으로 한쪽의 견해만을 강조"한다고 말하는 한편 카슨이 꼼꼼하게 조사하여 쓴 내용을 두고 "명백하게 논거가 희박"하며 "정확하지 않은 사실을 감정적으로 썼다"라고 주장했다.[75]

이렇게 쓰고 보니 "도대체 이자는 왜 이 책을 읽고 눈물을 흘렸다는 거야?" 하고 의문을 품을 독자투성이일 것 같다. 내가 생각해도 이런 내용을 보고 분노했다면 고개를 끄덕이겠지만 눈물을 흘렸다고? 이해할 수 없을 듯하다.
그래서 마지막으로 한 단락만 덧붙인다.

　　천국만큼이나 높았던 내 희망들은
　　당신 안에서 다 채워졌습니다

나는 금빛으로 빛나는 못이 됩니다

태양이 넘어가며 붉게 타오를 때

당신은 깊게 물드는 내 하늘이 됩니다

당신의 별을 내게 주세요. 내가 손에 쥘 수 있도록

나는 이 편지를 받고

우리 두 사람 중 한 명이라도 살아 있는 동안에는 나는 우리의 사랑이 "결코 아무것도 아닌 것으로 돌아가지 않으리라"는 것을 알고 있어요. 우리의 사랑은 평온하게, 우리가 함께한 모든 소중한 기억들과 함께 조용한 그늘에 보관될 겁니다. 다시 이 말을 할 필요는 없겠지만 하고 싶어요. 사랑해요, 지금도 그리고 항상.

하는 편지를 쓴 두 사람의 사랑을 그리며, 내가 평생 의지하고
괴롭히고 속 썩이며, 그래도 나를 믿으며 옆방에서 새근거리며 잠든
사람을 떠올렸다. 그리고 눈물을 흘렸다.
"나는 결혼하지 않았어요. 그러니 그런 눈물을 흘릴 일은
없습니다."라고 말할 분을 위해 다시 한마디 한다. 위의 글을
주고받은 두 사람 가운데 한 사람은 결혼했고, 다른 사람은
독신이었다. 독신인 그는 자신이 사랑하는 사람의 남편이, 우주의
먼지로 돌아갈 날을 받아 놓은 그보다 앞서 '새들이 즐겁게 모이를

피츠버그에 있는 레이첼 카슨 다리

아무래도 대한민국 대다수 기독교인들은 썩 좋아하지 않을 듯한 레이첼 카슨이지만,
대한민국 기독교의 뿌리인 미국에는 그녀를 기리는 다리까지 놓여 있다니, 생각을
바꾸는 것도 괜찮을 듯하다. 그리고 생각을 바꿨다면 차별금지법도 반대하지 말고.

쪼는 모습을 흐뭇하게 바라보'다가 심장을 멈추었을 때, 온몸에
퍼진 암세포와 함께 장례식에 참석했다.
사족 같지만 이런 말을 덧붙여도 괜찮을까? 독신인 그 역시

여성이었다.

사랑은 우리가 생각하는 범위, 우리가 행동하는 범위, 우리가
상상하는 범위를 넘어 존재한다는 사실을 나는 이 책을 덮으며
깨달았다.
나는 사랑에 대해 아무것도 알지 못한다는 사실만을 깨달았지만
얼마나 행복한지 모른다. 이 책을 읽은 것을. 그리고 이 책을
진심으로 사랑한다.

《어려운 시절》
찰스 디킨스 / 김옥수 옮김 / 비꼴

예전에 개그 프로그램 가운데 '불편한 진실'이라는 코너가 있었다. 우리가 진실이라고 믿었던 것들이 진실이 아니라면 얼마나 불편하겠는가, 하는 풍자 개그였는데, 이런 불편한 진실은 독서의 세계에도 당연히 있다. 있어도 많이 있다.

수십만, 아니 백만 부가 넘게 팔리며 낙양의 지가를 올리던* 수많은 책들이 불과 몇 년 만에 장안의 휴지가 되어 폐지로 팔리는 모습을

---

*   '낙양洛陽의 지가紙價'라는 표현은 20세기만 해도 거의 매일 접할 수 있던 표현이다. 고대 중국의 가장 중요한 도시 가운데 한 곳인 낙양의 종잇값이라는 뜻인데, 그 대도시의 종잇값을 들썩이게 할 정도로 많은 사람이 보는 책, 즉 오늘날로 치면 베스트셀러를 가리켜 '낙양의 지가를 올린다'라고 한다. 그런데 오늘날은 고대 중국 따위에서 사용하던 표현, 더구나 한글도 아닌 한자식 표현이기에 거의 쓰지 않는다. 그 대신 평등한 관계, 민주적 관계를 유지하는 겸손한 미국, 영국이 사용하는 영어 표현을 많이 쓴다. 평등한 한미관계, 민주적 한미동맹이여 영원하라! 아니, 영원하여야 한다. 안 그러면 대한민국 언어생활은 다시 혼란을 겪을 테니 말이다.

쉽게 볼 수 있으니, 베스트셀러가 필독서라고 여기며 모두가 읽는 책은 빠짐없이 찾는 분들이 믿는 진실은 전혀 진실이 아니다.

또 다른 것으로는 특정한 작가를 특정한 고정관념으로 엮는 것이다. 이를테면 미국을 대표하는 작가 마크 트웨인을 동화작가로 여기는 것이 그런 경우인데, 영국 출신 찰스 디킨스(Charles Dickens, 1812-1870) 역시 이로부터 크게 벗어나지 않는다.

디킨스의 대표작 하면《올리버 트위스트》나《크리스마스 캐럴》이 꼽혔다. 그리고 이 작품들은 모두 어린이가 주인공이거나 어린이를 상대로 한 이야기이기에 책 많이 안 읽는 분들은 그를 동화작가로 여길 수도 있다. 물론 최근에는《두 도시 이야기》를 디킨스의 대표작으로 여기는 분들이 급속히 증가 추세인데, 이 책의 가치를 뒤늦게 알아본 분들이 늘어난 탓은 아니고 동명의 뮤지컬 덕일 것이다.

여하튼 디킨스는 많은 분들이 생각하듯 그저 그런 작가가 아니다. 물론 디킨스가 글을 쓰기 시작한 이래 워낙 인기를 누렸고, 오늘날에도 세계적으로 인기를 누리기에 그를 대중적 인기에 영합하는 작가라고 폄하하는 분도 적지 않다. 그러나 과연 그런가? 대중적 인기를 누리면 안 되나? 반대로 대중적으로 인기가 없으면 훌륭한 작품을 추구하는 작가인가? 터무니도 없다.

중요한 것은 작가가 무엇을 어떻게 다루느냐일 것이다. 아무리

뛰어난 능력을 갖춘 인재라 하더라도
이웃과 인간, 세상에 대한 사랑
대신 자신에 대한 사랑만이 가득한
자라면, 그의 작품이 사회에 선한
영향력을 행사할 수는 없을 것이다.
그렇다고 능력이 부족한 이가
선한 영향력만으로 작품 쓰는 것을
옹호하는 것도 아니다. 작가는 글을
다루고 인간의 상상력을 다루는
탁월한 능력과 더불어 그 작품을
읽는 이웃들에 대한 존경과 사랑을
품는 것이 필요조건이라는 말이다.
그런 면에서 디킨스는 뛰어난
능력과 좋은 품성을 동시에 지닌
작가다. 영국인들이 셰익스피어만큼
좋아한다거나 전 세계적으로 몇 부가
팔렸다거나 하는 따위 귀에 박힌
평가가 아니더라도 디킨스는 좋은
작가다.

그리고 그 작품 가운데 가장
유명하지도, 가장 재미있지도 않지만

20대 후반의 찰스 디킨스.

생김새를 보면 어려움이라고는 전혀
모르고 자란 젊은이처럼 보이지만,
사실 그의 삶은 어릴 때부터
고난의 연속이었다. 경제관념이
없던 아버지는 빚 때문에 교도소를
들락거릴 정도였다. 그 역시 제대로
된 교육 기회도 제공받지 못한 채
십대 초반부터 공장에서 일해야 했다.
그러나 타고난 능력을 바탕으로
글을 쓰기 시작했고, 26살에 발표한
《올리버 트위스트》가 공전의 성공을
거둠으로써 초상화와 같은 모습으로
급변한다.
Daniel Maclise작(1806 – 1870)

가장 아름다운 작품이 바로《어려운 시절》이라고 감히 말하고 싶다.
왜냐고?

디킨스가 자본주의 발상지인 영국에서 인류가 그때까지 겪어보지
못한 빈부격차, 환경오염, 물신주의 등으로 몸살을 앓던 시절을
살아가던 노동계급을 정밀하게 그린 것은 널리 알려진 사실이다. 그
대표적인 작품이《올리버 트위스트》이지만 여타 작품에도 빠짐없이
등장하는 인물은 어린이, 노동자 등이다. 그 배경에는 디킨스
자신이 그 시대의 희생자라는 사실이 있다. 디킨스는 어린 시절
금전적 문제로 아버지가 교도소 경험을 하면서 빈곤에 처했고, 결국
학교를 그만두고 12살 어린 나이에 구두약 공장에서 일해야 했다.
그러니 디킨스의 글은 이웃의 삶에서 비롯한 것이 아니라 자신의
삶으로부터 잉태된 것일지도 모른다.
여하튼 그런 디킨스의 노동자 공명共鳴 의식이 가장 강하게 담긴
작품이 바로《어려운 시절》이다.
이 작품에 등장하는 노동자를 디킨스는 '일손'이라고 표현하는데,
그 일손은 '해안에 기어 다니는 하등동물처럼 창조주가 두
손만 만들거나 두 손과 위장만 만들었다면 여러 사람이 훨씬
좋아했음직한' 존재다.(87쪽)

그리고 그의 '일손론'은 작품 곳곳에서 드러난다.

공장에는 '일손' 수백 명이 있고 증기기계 수백 마력이 있다. 기계 엔진이 발휘하는 힘은 일 킬로그램 단위까지 정확하게 파악해도, 침착한 얼굴로 규율에 따라 행동하며 기계를 차분하게 다루는 노동자는 영혼이 선한지 악한지, 사랑하는지 증오하는지, 국가를 좋아하는지 싫어하는지, 미덕을 악덕으로 돌리는지 아니면 악덕을 미덕으로 돌리는지는 국채를 계산하는 사람이 모두 달라붙는다 해도 전혀 파악할 수 없다. 기계는 신비로운 게 없는데, 일손은 아무리 보잘것없는 존재라도 무한히 신비롭다, 영원히. 그렇다면 우리는 산술계산을 물질에 한정하고, 깊이를 알 수 없는 수많은 일손은 완전히 다른 방법으로 대해야 옳지 않겠는가![76]

이 작품을 발표한 것이 1854년, 그의 나이 마흔두 살 무렵인데, 이 무렵 그는 이미 커다란 성공을 거둔 상태였다. 그러니 소설 속 코크타운에서 가장 부유한 바운더비 사장 같은 이들과 현실 속에서 척질 필요도 없을뿐더러, 어차피 세상은 예나 이제나 가진 자들이 끌어가는 것이니 척지면 오히려 사는 데 불편할 것이다. 그런데도 디킨스는 이런 표현을 멈출 생각이 전혀 없다.

정말 대단한 건 코크타운이 그대로 존재한다는 사실이다. 툭하면 파산하는 끔찍한 충격을 수없이 겪으면서도 버티어낸다는 게 정말 놀랍다. 코크타운이 만들어낸 공장주들처럼 금방 깨지는 그릇은 어디에도 없다. 아무리 살살 다루어도 금방 깨져서 산산조각이 나듯 파산하는 걸 보면 처음부터 흠결이 있던 게 아닌가 의심스러울 정도다. 이들은 노동하는 아동을 학교로 보내라는 요구를 받아도 파산하고, 조사관을 지정해서 작업환경을 살핀다 해도 파산하고, 노동자를 기계로 갈가리 찢어발길 수밖에 없는지 의심스럽다고 조사관이 언급해도 파산하고, 연기를 항상 이렇게 많이 배출하지 않아도 될 것 같다는 주장이 나와도 완벽하게 파산한다.[77]

이 글을 읽다 보면 이게 21세기 대한민국이나 미국 이야기가 아니라 19세기 영국 이야기가 맞단 말인가? 의문이 든다. 코크타운을 서울이나 뉴욕으로 바꾸기만 하면 지금 당장 신문기사로 써도 적당하게 보이니 말이다. 부당노동행위, 작업환경 문제, 산업재해 문제, 환경오염 문제 등을 애써 외면하는 오늘날 부도덕한 기업들의 행태를 디킨스는 어찌 이리 내다보고 있는지 놀랄 정도다.

그렇다면 그는 부도덕한 기업인들에 맞서 정치인들 편에 선 것일까?

루이사는 결혼한 이후로 친정집을 찾은 적이 거의 없다. 아버지는 평상시에 런던에서 의회 잿더미를 체로 거르고 또 거르는데 (쓰레기더미에서 소중한 내용을 찾아낸 사례는 거의 없는데) 지금도 국립 쓰레기장에서 체를 열심히 거르고 또 거르며 시간을 보내고...[78]

그래드그라인드 국회의원은 부인이 사망했다는 통지를 받고 런던에서 급히 돌아와 사무적으로 시신을 매장했다. 그러고 나서 국립 잿더미로 즉각 돌아가서 자신이 원하는 잡동사니를 찾으려 체를 거르고 또 다른 잡동사니를 걸러서 가난한 사람들 눈에다 먼지를 뿌려대는 작업을, 한 마디로, 의회 업무를 다시 시작했다.[79]

디킨스가 판단한 영국 국회의원들은 이런 짓을 열심히 하고 있었다. 그러니 디킨스는 정치인들과도 척지기를 두려워하지 않은 게 분명하다.

그러나 위 대목을 읽으면서 내가 무릎을 탁! 친 까닭은 노동자, 가난한 이웃에 대한 사랑과 정치인, 기업가에 대한 분노 때문이 아니다. 소설이라는 장르가 본격적으로 등장한 지 얼마 되지 않은 19세기 중반에 이런 섬세한 표현과 상상력을 동원하여 사회와 등장인물의 개성을 표현했다는 점 때문이다.

솔직히 말해보자. 디킨스가 살던 시대에 그가 접할 수 있던 글과 정보라는 게 오늘날과 비교해 얼마나 되었겠는가. 모르긴 몰라도 오늘날 작가들이 접하는 표현과 이론, 다른 작품과 세상에 대한 인식은 디킨스에 비해 천 배가 넘었으면 넘었지, 부족하지 않을

것이다. 그런데도 오늘날 정치인의 무기력과 부패를 저처럼
통렬하게 표현할 수 있는 작가가 얼마나 되겠는가.

그러나 이 정도 표현은 아무것도 아니다. 이 작품에는 무릎을 탁!
치는 것을 넘어 세상을 칠 만큼 놀라운 표현이 넘쳐나니까.
그리고 내가 가장 깊이 빠진 대목은 바로 이 대목이다.

> 일정하게 일하고 일정한 보수를 받으면 끝나는 존재, 수요공급의 법
> 칙에 따라 모든 걸 결정당하는 존재, 이 법칙에 이리저리 채이며 허우
> 적대다가 나락으로 빠져드는 존재, 농산물값이 비싸면 허리띠를 잔뜩
> 조이다가 농산물값이 떨어지면 허겁지겁 먹어대는 존재, 늘어나는 비
> 율만큼 빈민과 범죄 비율도 똑같이 늘어나는 존재, 도매금으로 취급
> 당하면서도 엄청난 재물을 만들어내는 존재, 바다처럼 가끔 일어나서
> (주로 자신에게) 커다란 손해를 끼치고 다시 가라앉는 존재. 바로 이게
> 루이사가 아는 코크타운 일손이다. 하지만 바다를 물방울 하나하나로
> 나눌 생각을 않는 것처럼 지금까지 일손 전체를 한 명 한 명 나눠서
> 생각한 적은 없다.[80]

아무리 뛰어난 노동문학가의 글이라고 해도 이런 표현은 어렵지
않을까. 도대체 디킨스는 어떤 모습을 보며 이런 표현을 창조해냈던
것일까. 궁금하고 또 궁금하다. 그리고 왜 그토록 많은 노동자들이
고통받고 쓰러지고 죽어가도 자본가들, 검사들, 판사들, 정치인들이

관심을 기울이지 않는지 궁금했는데, 그들이 노동자 한 명 한 명을 나눠서 개인으로 여기지 않기 때문이라는 사실도 깨닫게 되었다.

마지막으로 한 마디만 더한다.
디킨스 작품은 수많은 출판사에서 수많은 작품이 출간되어 있다. 그러니 당연히 독자들의 선택 기준은 번역이 되어야 할 것이다. 그러나 세상이 꼭 그렇게 합리적으로 돌아가는 것은 아니다. 그래서 실제로는 분명 출판사 인지도가 가장 중요한 선택 요소가 될 것이다.
그렇지만 그래서는 안 된다. 그러면 유명 출판사는 자본을 토대로 저작권이 비싼 작품을(물론 디킨스 작품은 저작권이 없으니 이 경우에는 해당하지 않겠지만) 계약한 후 적당한 번역자를 선택해서 출간하면 명성과 인지도로 판매할 것이다. 당연히 부족한 번역으로 인한 손해는 독자에게 돌아갈 것이고.
그래서 외서의 경우에는 번역이 선택의 제1순위가 되어야 한다. 조금 노력이 필요하다 해도 외서의 경우, 특히 저작권이 소멸된 도서의 경우, 번역을 비교해서 더 나은 작품을 선택해야 한다. 그래야 우리나라 번역의 질이 향상될 것이다.

그런 면에서 비꽃출판사라는 거의 무명에 가까운 출판사의《어려운 시절》은 가뭄에 단비 같은 작품이다. 놀라운 번역인데다 찰스

디킨스 전집 출간을 한다고 하니 기대가 더욱 크다. 다만 아무리
보아도 이 출판사 작품이 다른 출판사본에 비해 많이 팔리는 것
같지 않아 안타깝다. 이런 출판사가 경제적으로 안정되어야 더 나은
번역본을 우리가 접할 수 있을 텐데 말이다.

어이쿠! 그러고 보니 이 작품이 무슨 노동운동의 지침서처럼
보인다. 절대 그런 것 아니다. 정말 재미있다(이럴 때 99.9%의 사람들은
'너~무' 재미있다고 하겠지만 나는 '너~무'는 부정적인 의미를 가질 때
쓴다고 아직도 우긴다. 국립국어원에서는 '너무' 많은 언중言衆이 사용하므로
긍정적으로도 사용할 수 있도록 허용했지만. 왜 우기냐고? 그럼 나는 이렇게
묻는다. "'너무 빠른 것'은 긍정이에요, 부정이에요?" 그러니까 '너무' 많은
사람이 사용한다고 해도 이리 쉽게 의미를 바꾸면 안 된다. 틀린 것은 틀렸다고
해야 한다. 그렇지 않으면 세상은 다수에 휩쓸려갈 뿐이다. 이게 포퓰리즘이고
중우정치衆愚政治 아니면 무엇이겠는가?). 시간 보내기도 좋고 스트레스
해소에도 좋다. 물론 당신이 부도덕한 정치인과 기업인, 재벌이
아니라는 조건 아래서 말이다.

《칠레의 밤》
로베르토 볼라뇨 / 우석균 옮김 / 열린책들

독후감 시작하기 전에 일단 여러 사람을 소개한다. 그렇다고 이들이
모두 등장인물이라고 여기시면 오해다. 이 가운데 등장인물은
한 사람도 없다. 물론 한 사람을 상징하는 등장인물은 있지만.
그렇다고 이들이 모두 소설과 아무런 관련이 없는 것 또한 아니다.
여하튼 관련이 있기도 하고 없기도 하다. 그러니 이들에 대해
알고 소설을 읽으면 훨씬 실감이 난다. 이제 본격적으로 독후감을
시작하자.

오를란도 레틀리에(Orlando Letelier, 1932-1976)

칠레 출신 경제학자이자 정치인. 살바도르 아옌데 대통령이 아우구스토 피노체트의 쿠데타로 사망하고, 피노체트 독재정부가 들어선 후 체포되었다. 그 후 이곳저곳으로 끌려다니다가 칠레를 떠나는 조건으로 석방되어 베네수엘라 수도 카라카스를 거쳐 미국으로 망명했다. 그러다가 1976년 피노체트 정권 수하 비밀경찰인 디엔지엔시아 나시오날(DINA) 요원들이 차량 폭발을 이용해 암살했다.

사진 구하기 어려움.
구한다 해도 목숨
내놓지 않고는 책에
수록하기 힘듦.

마이클 타운리(Michael Vernon Townley, 1942-)

미국 출신 범죄자이자 전직 칠레 비밀경찰 디엔지엔시아 나시오날(DINA) 에이전트. 세계 최초로 민주적 선거를 통해 선출된 칠레의 사회주의자 대통령 살바도르 아옌데(Salvador Allende, 1908-1973)를 제거하는 데 혁혁한 공을 세운 미국 CIA, 그리고 아옌데를 쿠데타로 몰아낸 후 들어선 피노체트 독재 정부의 비밀경찰 디엔지엔시아 나시오날(DINA)의 에이전트로 활동하면서 몇 사람을 암살한 공(인지 과인지 분명치 않지만)으로 여러 나라에서 기소되었지만, 오직 미국에서만 벌을 받고 출소후에는 증인 보호 프로그램으로 보호받으면서 지금도 살아 있다. 그가 칠레에서 활동할 무렵 거주하던 집 지하에는 DINA의 취조실이 있었는데, 지상의 집에서는 그와 그의 칠레인 아내가 칠레의 문화예술인들을 초대해 파티를 열었다.

카르멜로 소리아(Carmelo Soria, 1921~1976)

UN 산하 라틴아메리카 경제위원회 직원으로, 국적은 스페인.

살바도르 아옌데 대통령 집권 후 문화 정보 보급을 위해 설립한 국영 출판사 업무에 관여하였다. 그 무렵 칠레 일반 시민들이 책을 접할 기회는 거의 없었다. 이에 아옌데 정부는 국영 출판사를 설립하여 다양한 서적(여성용 잡지, 청소년 잡지, 만화 잡지, 그리고 다양한 분야의 단행본)을 출간, 값싸게 공급하였다. 이러한 정책으로 칠레 시민들은 어디서나 책을 접할 수 있었다. 그러나 미국 정부의 지원을 받은 피노체트의 쿠데타로 아옌데 대통령이 사망하고 정부가 전복된 후, 이러한 문화 정보 보급 정책은 중단되었다. 소리아는 다시 UN 업무에 복귀하였고, 피노체트 정부로부터 탄압받는 이들을 위한 망명 통로를 주선하였다. 결국 그 역시 비밀경찰 디엔지엔시아 나시오날(DINA)의 표적이 되었고, 1976년 7월 납치된 후 시신으로 발견되었다. 후에 밝혀진 바에 따르면, 그는 DINA 요원이자 미국 CIA 요원인 마이클 카운티가 살던 집 지하실에 잘 설비된 고문실에서 고문을 받아 숨졌다.

카를로스 프랏(Carlos Prats González, 1915~1974)

칠레 출신 장군으로, 아옌데 정부에서 각료를 지냈다. 그는 아옌데 정부에 반기를 들고 발생한 쿠데타를 진압하기도 하였으나 후에 사임하였고, 그의 후임으로 피노체트가 육군 총사령관에 임명되었다. 그러나 피노체트는 쿠데타를 일으켜 아옌데 대통령을 사망케 하였고, 프랏은 아르헨티나로 망명하였다. 그렇지만 피노체트는 자신을 신임한 아옌데만 제거한 데 만족할 수 없었고, 자신을 추천한 프랏도 사라지기를 바랐다. 1974년 9월, 부에노스아이레스에서 차량 폭발로 아내와 함께 사망했는데, 폭탄은 무선 조종되는 것이었다. 이 첨단 암살 방식은 미국인이자 칠레 디엔지엔시아 나시오날(DINA)을 위해 일한 마이클 타운리의 작품이었다.

아무리 내가 독후감을 제멋대로, 그리고 개그처럼 쓴다고 해도 이
책 독후감은 그렇게 쓸 수가 없다. 실화를 바탕으로 한 소설이며, 그
실화가 너무나도 반인륜적이기 때문이다. 이런 실화를, 그 실화를
바탕으로 한 소설을 읽으면서 재미를 느낀다면
독자가 아니라 짐승에 불과할 것이다.

물론 '인생이란 우리를 최후의 진실, 유일한 진실로 이끌어 가는
오류의 연속'[81]이기 때문에 가끔은 짐승으로 살기도 하는 게
인간이기는 하니 변명거리가 될 수도 있다.

그러나 이 소설을 단순히 독재 정부, 그리고 그에 기생하거나
동조한, 또는 방임한 자들을 다루었다고 해서 현실참여적인 그렇고
그런 소설로 본다면 크게 잘못 평가한 것이다. 하기야 '문자는
우리의 역사와 갈망, 아니 사실은 우리의 패배를 떠듬거리고 있다.
우리가 빠져든 바로 그 패배인데도 미처 깨닫지 못하는 바로 그
패배에 대해 떠듬거리고 있는'[82] 것일 뿐이니 잘못 평가한다고 해도
그건 문자 탓일지도 모른다.

그래도 우리가 발 디디고 살아가는 현실에서 벗어날 수는 없는
노릇 아닌가.

'그곳은 인간의 공간은 아니지만 상상 속에서나마 우리 인간이
거주할 수 있는 유일한 공간이요, 우리가 기거할 수 없는
공간이지만 기거할 만한 가치가 있는 유일한 공간이요, 우리가
우리이기를 그만두겠지만 진정한 우리가 될 수 있는 유일한

공간'83이기 때문에 말이다.

물론 현실을 그린 역사는 '단순하고 잔인하고 진실해서 우리를 웃게 만들 것이다. 웃다가 죽을 지경으로 몰아넣을 것이다. 그러나 우리는 오직 울 줄만 안다. 우리가 신념을 가지고 하는 유일한 일은 우는 일'84밖에 없다고 말하고 있지만.

칠레 출신 소설가 로베르토 볼라뇨(Roberto Bolano, 1953-2003)는 쉰 살에 일찌감치 현실을 떠나 역사가 되었다. 아마 '잡것들에 따르면 산티아고 최고의 커피 두 잔' 또는 '신의 손길에서 버림받은 이 나라에서는 정말 소수의 사람들만 교양이 있다. 나머지 사람들은 아무것도 모른다. 하지만 사람들은 친절하고 사랑받게 처신'하는 나라가 싫어서 일찌감치 떠난 것일지도 모른다. 그래서 살아 있는 사람만을 대상으로 하는 노벨 문학상의 대상자가 되지 못했다. 그러나 노벨 문학상이 진정으로 '인류의 복지에 공헌한 사람이나 단체에게 수여되는 상'이라면 그는 그 상을 받았어야 마땅하다. 물론 알프레드 노벨(Alfred Bernhard Nobel, 1833~1896)이 제정하지는 않았지만, 여하튼 훗날 그의 이름을 따서 시상하는 노벨 경제학상의 1976년 수상자가 밀턴 프리드먼(Milton Friedman, 1912-2006)인 것을 보면 꼭 '인류의 복지에 공헌한 사람'이 상을 받는 것은 아닌 듯하지만.

아! 밀턴 프리드먼이 누구냐고?

나는 그가 누구인지 모르는데, 위키피디아 '오를란도 레틀리에'
항목에 따르면 이렇게 쓰여 있다. 영어를 좀 하시는 분들은 이를
참조하시고, 혹시 영어에 익숙지 않은 분은 각주를 참조하시라.
내 영어 실력은 형편없으니 번역이 마음에 안 들더라도 저를
반미주의자로 보지는 말아 주소서. 모든 힘과 폭탄을 가진
분들이여!
(아, 영어 본문을 수록하는 까닭은 당연히 이런 내용이 내 의도나 생각이
아니라는 사실을 밝히려는 데 있다. 반복하건대 나를 반미주의자로 판단하지
마시길!)

'Letelier wrote several articles criticizing the "Chicago Boys", a
group of South American economists trained at the University of
Chicago by Milton Friedman and Arnold Harberger who returned
to their home countries to promote and advise leaders on the
benefits of a free-market economy.
This economic model was used to great effect in Chile where
General Pinochet sought to dismantle the country's socialist
economic system and replace it with a free market economy.
Letelier believed that in a resource driven economy such as Chile,
allowing markets to operate freely simply guaranteed the movement
of wealth from the lower and middle classes to the monopolists

and financial speculators. He soon became the leading voice of the Chilean resistance, preventing several loans (especially from Europe) from being awarded to the Chilean government. On 10 September 1976, he was stripped of his Chilean nationality.[*]

* '한 무리의 남아메리카 출신 경제학자들은 밀턴 프리드먼과 아놀드 하버거가 이끄는 시카고 대학교에서 자유시장경제의 이점을 훈련받은 후 조국으로 돌아갔다. 그런 후 집권자들이 자유시장경제 정책을 펼치도록 지원하였는데, 레틀리에는 그들을 '시카고 아이들'이라고 비판하였다. 자유시장경제 모델은 쿠데타에 성공해 집권한 피노체트가 이전 아옌데 정부가 추진한 사회주의 경제 체제를 해체하고 자유시장경제를 도입하는 데 큰 효과를 거두었다. 레틀리에는 칠레와 같이 자원 주도 경제 체제에서 자유로운 시장경제는 하위 계층과 중산층의 부를 독점자본과 금융 투기꾼에게 이전하는 것을 보장한다고 믿었다. 그는 곧 칠레 저항 세력의 주도적인 목소리가 되었고, (특히 유럽으로부터) 몇몇 차관이 칠레 정부에 공급되는 것을 막았다. 1976년 9월 10일, 그는 칠레 국적을 박탈당했다.'
여기까지가 내 형편없는 번역이다. 그리고 레틀리에는 국적 박탈 후 열하루 만인 1976년 9월 21일, 앞에서 보았듯이 암살당했다. 그러니까 '자유시장경제', '자유민주주의', '암살의 자유', '테러의 자유'를 옹호했어야지. 뭐라고요? 뒤의 두 자유는 아니라고요? 어이쿠 그렇군요.

주

1   2019. 10. 19자 한겨레신문

2   《돌 세 개와 꽃삽》, 7.

3   앞의 책, 428.

4   앞의 책, 398-399.

5   앞의 책, 264.

6   《엔드 오브 타임》, 388-389쪽.

7   앞의 책, 358-363에서 발췌.

8   앞의 책, 371쪽.

9   앞의 책, 375쪽.

10   앞의 책, 424쪽.

11   앞의 책, 217쪽.

12   《2천년 식물 탐구의 역사》, 333.

13   앞의 책, 45.

14   앞의 책, 48.

15   앞의 책, 67-69.

16   《여자를 증오한 남자들》, 책 앞날개 저자 소개에서 발췌.

17   《대중문화사전》, 김기란, 최기호 지음, 현실문화연구. 네이버 지식백과에서
    전재.

18   《나무는 거짓말을 하지 않는다》, 51.

19   앞의 책, 166.

20   앞의 책, 209.

21   앞의 책, 268.

22   앞의 책, 269.

23   앞의 책, 109.

24   《위로받지 못한 사람들 2》, 380쪽에서 전재.

25   《위로받지 못한 사람들 1》, 303.

26   앞의 책, 305.

27   《뉴턴의 시계》, 357.

28   앞의 책, 358.

29   앞의 책, 39-40.

30   앞의 책 39.

31   《댈러웨이 부인》, 268.

32   앞의 책, 240.

33   앞의 책, 241.

34   《제국과 의로운 민족》, 21.

35   앞의 책, 39-40.

36   앞의 책, 43-44.

37   앞의 책, 56-57.

38   앞의 책,

39   민주화기념사업회 오픈아카이브에서 발췌 전재.

40   《두산백과》에서 인용.

41   《잃어버린 계몽의 시대》, 315-316.

42   앞의 책, 440-447에서 발췌, 전재.

43   앞의 책, 583-584에서 발췌, 전재.

44   앞의 책, 623.

45   《지식의 지도》, 195.

46   앞의 책,

47   앞의 책, 199-200.

48   앞의 책, 184.

49   앞의 책, 216-217

50   앞의 책, 354.

51   《모비 딕》, 35.

52   앞의 책, 75.

53   앞의 책, 81.

54   앞의 책, 99.

55   앞의 책, 173.

56   앞의 책, 178.

57   위 책, 206쪽. 동상銅像에 대해 서술한 내용이다.

58   앞의 책, 654.

59   앞의 책, 657.

60   앞의 책, 667.

61   앞의 책, 672.

62   앞의 책, 674.

63   《세상 종말 전쟁 1》, 147-148

64   앞의 책, 159.

65   《말의 정의》, 75.

66   《당신들의 천국》, 이청준, 문학과지성사, 2015, 344.

67   2021년 11월 24일자 한겨레신문 〈빵:몸을 위한 양식, 혹은 일상〉, 김용석.

68   《말의 정의》, 240.

69   앞의 책, 241.

70   《죽은 이들의 뼈 위로 쟁기를 끌어라》, 161쪽.

71   앞의 책, 166쪽.

72   앞의 책, 180쪽.

73   《진리의 발견》, 15쪽.

74   앞의 책, 757-758.

75   앞의 책, 760-761.

76   《어려운 시절》, 94.

77   앞의 책, 146.

78   앞의 책, 257,

79   앞의 책, 269.

80   앞의 책, 205.

81   《칠레의 밤》11쪽.

82   같은 책. 58쪽.

83   같은 책. 84쪽.

84   같은 책. 128쪽.